# まんがで変わる
# 仕事は楽しいかね?

THE MAX STRATEGY:DALE DAUTEN


デイル・ドーテン 原作
「仕事は楽しいかね?」研究会 編
藤森ゆゆ缶 まんが



きこ書房

# はじめに

本書は、デイル・ドーテン著『仕事は楽しいかね?』(THE MAX STRATEGY)のまんが版です。

オリジナル版は、刊行以来、多くの人たちの心をとらえ、日本で20万部を超えるベストセラーとなりました。それはそのまま、「仕事」に悩みを抱える人がいかに多いかということを示しています。

私たちを取り巻く環境は、時代とともに刻一刻と変化していますが、どのように社会情勢や雇用環境が変化したところで、「仕事」が人生の大きな一側面を担っており、同時に多くの人たちにとって悩みの種になっているという事実は変わりません。しかし、「仕事」は本来「楽しい」ものであるべきなのです。

今回、あらためてまんが版を刊行しようと考えたのは、まんがというツールを通して、より多くの人に著者の素晴らしい言葉に触れていただき、「仕事は楽しい！」と感じてもらうことにあります。

オリジナル版は、大雪のために空港のロビーに足止めされたビジネスマンの「私」と老人・マックスとの一昼夜の物語でしたが、本書の主人公はカフェのアルバイト店員・奈津。オリジナル版のエッセンスを、まんが版独自のストーリーにのせて再構成しました。結果、伝えたい言葉は一緒でも、オリジナル版とはまた違った色合いの書籍となっています。

オリジナル版とともに、本書を通して一人でも多くの人たちが、毎日の仕事を「楽しい！」と思っていただくためのきっかけとなれば幸いです。

「仕事は楽しいかね？」研究会

まんがで変わる
# 仕事は楽しいかね？

contents

## 主な登場人物

**マックス・エルモア**（70歳）

変わり者の発明家であり実業家。世界中を旅しながら、気になった若者に支援している。「CAFE CHANGE」（カフェ・チェンジ）のアドバイザー。

**小杉《こすぎ》奈津《なつ》**（32歳）

デザイナーをめざしながら、「珈琲雫」（コーヒー・しずく）でアルバイト店員として働く。今の境遇に特別不満はないものの、漠然と不安を抱えている。

**結城《ゆうき》 優《まさる》**（35歳）

「CAFE CHANGE」のオーナー。もともとはシステムエンジニアをしていたが、マックス・エルモアとの出会いをきっかけに独立を決意する。

### 「珈琲雫」のメンバー

**悠人**

**マミ**

**オーナー**

［プロローグ］

# 仕事は楽しいかね？

お先に失礼しまーす
関係者以外立入禁止
奈津さんお疲れー
可燃ゴミ
café
はー…
えっ
マミちゃん
カフェやめちゃうの？
SALE
max
50%OFF

すみません
急な話で…
どうして？
実は…
結婚するんです
お恥ずかしい
話なんですが
子供も…
え──！
おめでとう！
パッ
ピタ

はー…
結婚か…
マミちゃんは3つ年下だから30前に方をつけたかったのね…
しかもデキ婚てもしかして…
うっわ下衆《げす》の勘ぐり自分最悪
いやいや結婚だけが人生じゃない
結婚しなくても立派に自立してる人はたくさんいるし

自立…
CH
OOK
デザイナー
専門学校にも行った
よ…よろしくお願いします
不採用
それでも続けた…
派遣社員やアルバイトを続けながら
あきらめなければなんとかなると…

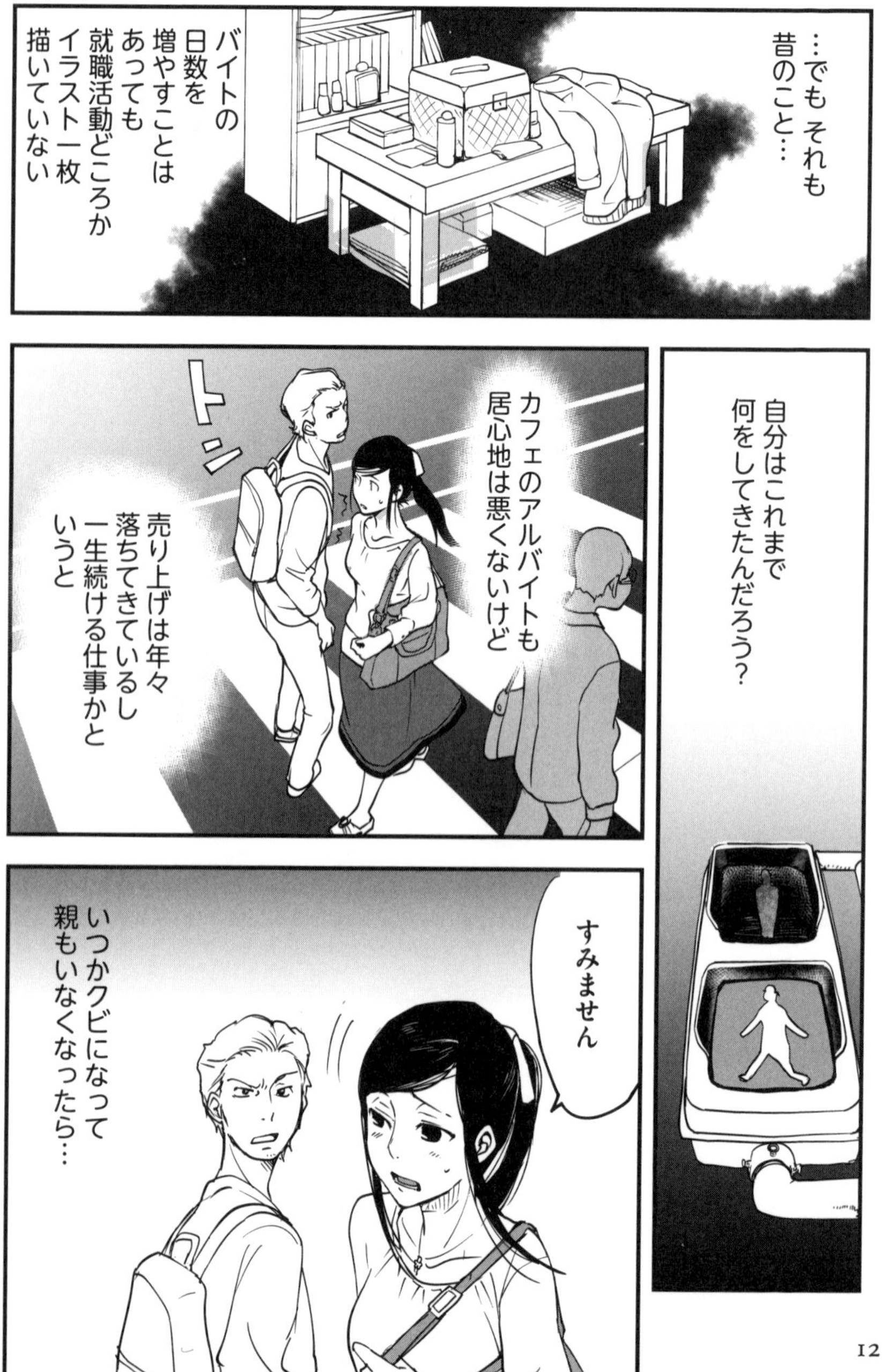
…でも それも
昔のこと…
バイトの
日数を
増やすことは
あっても
就職活動どころか
イラスト一枚
描いていない
自分はこれまで
何をしてきたんだろう？
カフェのアルバイトも
居心地は悪くないけど
売り上げは年々
落ちてきているし
一生続ける仕事かと
いうと
トン
すみません
いつかクビになって
親もいなくなったら…

ゾッ
いかんいかん
前向き前向き
転職マガジン
チャンスをつかめ
本・文具
んん？
今、この業界が熱い！
転職マガジン
チャンスをつかめ
CAFE CHANGE
こんなところに
カフェ…？

CAFE CHANGE
新しくできたのかな
CAFE CHANGE
カフェ・チェンジ
ダサい名前…
んー…でも
シンプルで
落ち着けそう
CAFE CHANGE
OPEN
カチャ
ああー
すみません！
お店まだなんです！
来週オープンで…！
え…でも
看板……
ああーっ
もしかして

申し訳ありません看板を逆にかけてました…
くるっ
CLO
あ…値札もつけっぱなし…
ペリ
今日買ってきたものでお恥ずかしい…
あははそれじゃあお邪魔しました
お嬢さん
せっかくですからすこし休んでいかれたら？
え？

つられて笑っちゃう
わー
なんて恰幅《かっぷく》のいい外国人…!
でも威圧感はなくて人のよさそーな…
ストン
私はマックス・エルモアです
あ…どうも…えと 小杉奈津《こすぎなつ》です…
ギュ
今ちょうど開店の準備をしてましてね
これも何かの縁
よかったら わがオーナーのおいしいコーヒーを試飲していってくれないかい?
え…でも…
お代はもちろん結構!
どうぞおくつろぎください

はあ…
こんな接客もあるんだな…
パラ…
デザイン職は経験者のみ…か…
30歳まで
×駅より徒歩15分
派 デザイン業務
即戦力募集・経験者優
日給8000円〜◇残業
デザイナー・事務
8:00〜17:00
休 週休二日制
資 経験者優遇
経験者優遇
は—…
ガクッ
甘くないっ
どうぞ
あ…はい
すみません

コク
……
おいしい!
こんなおいしいコーヒーうちだって出してません
だって!よかったねえマサル
うち…?
あ…あの私カフェでしかもアルバイトで…して
そんな大層なこといえないんですが…
ふうん
向かいの席いいですか?
あ…はい

べらべらべらべら
どこのカフェで働いてるの？
3丁目の…
カフェ○○？なんで働いてるの？
近くで雰囲気がよい店だったんです
住んでる場所は？
えっ？隣町のほうに
誰と暮らしてるの？
実家暮らしで両親と弟がいます
な…何この人矢継ぎ早に…！
でもなんか答えちゃうっ
ふむ
転職マガジン
仕事は楽しいかね？

# 加速する時の流れから抜け出し「今」と向き合い続けるための第一歩

## ■〝自分のいる場所〟と〝かつて思い描いていた未来〟

「仕事は楽しいかね？」

誰かにもしそう尋ねられたら、あなたは何と答えますか？

「楽しい！」と自信を持って答えられるでしょうか？

厚生労働省がまとめた『平成20年版　労働経済の分析――働く人の意識と雇用管理の動向』によると、国民の仕事への満足度は長期的に低下しており、「仕事のやりがい」で**「十分に満たされている」「かなり満たされている」と回答した人はわずか16・6%にすぎません**（図）。残念ながら、多くの人は「もっと楽しい仕事、自分に合った仕事があるのではないか」「本当はすぐにでも転職したいけれど、生活に不安があってできない」「特別不満があるわけではないけれど、やりがいも感じない」――などなど、その思いや理由は違えども、どこか満たされない感情を抱えているのではないでしょうか。

本書のまんがの主人公・小杉奈津も、仕事に対してそんな「満たされない思い」を抱えている一人です。

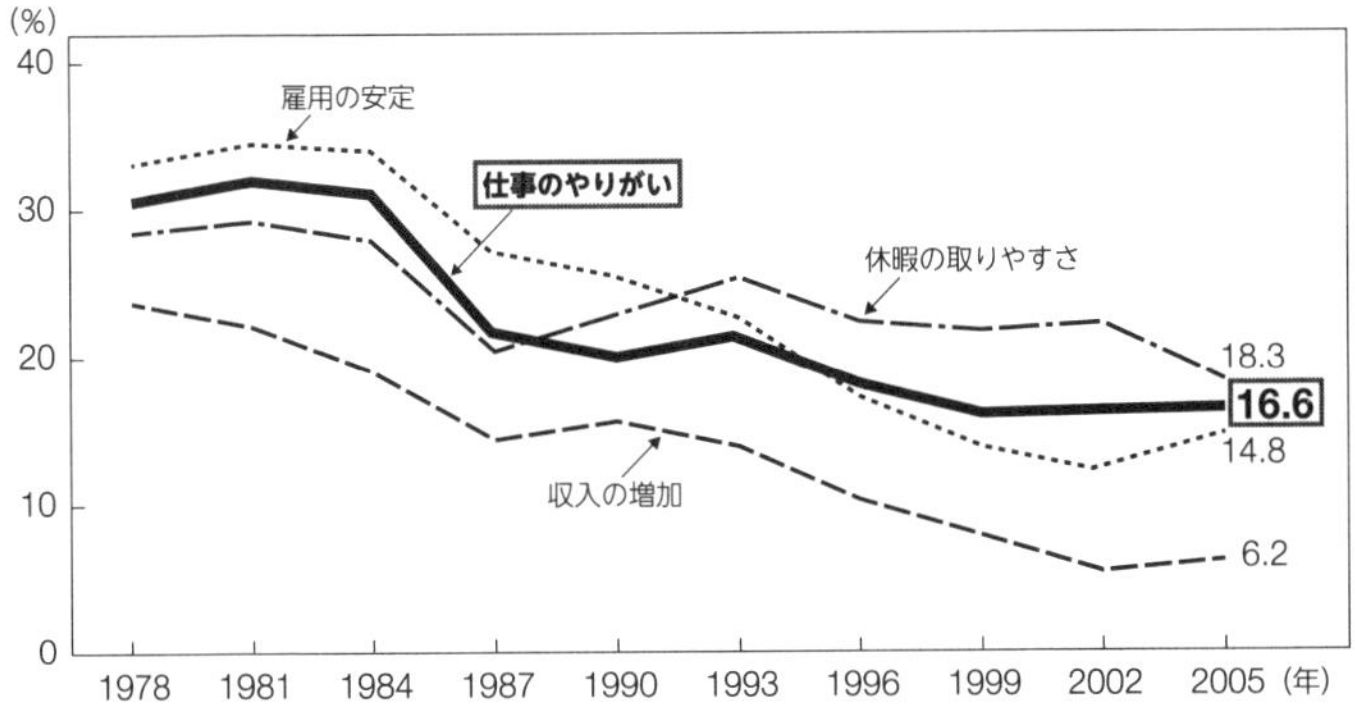


**図　低下する仕事のやりがい**

出典『平成20年版　労働経済の分析―働く人の意識と雇用管理の動向』（厚生労働省）

大半の人は、将来自分がするであろう仕事に対して、多かれ少なかれ「夢」や「あこがれ」を抱いた経験があることでしょう。しかし多くの人が知らぬ間にそのことを忘れたりあきらめたりしてしまいます。そしてふと気づいたときに、ハッとさせられるのです。かつて思い描いていた未来とは、どうやら違う場所にいることに――。

## ■「ジャネの法則」に抗うために

「ハッとさせられる」タイミングは、いろいろあると思います。

奈津の場合でいえば、「自分より年下の同僚が結婚するというのに、自分は――」という思い。「仕事は楽しいかね？」と急に問いかけられたときの感情。なぜハッとさせられるのかといえば、そこには**「自分」と「他人」、あるいは「自分」と「かつて思い描いていた未来の自分」とを比べたときのギャップ、そして「知らぬ間に長い時が経過してしまった（歳をとってしまった）」ことへの気づき**があるためです。

歳をとると、月日の流れが早く感じるとよくいわれます。

これは、フランスの哲学者ポール・ジャネが提唱し、甥の心理学者ピエール・ジャネの著書で紹介された「ジャネの法則」として日本ではよく知られています。

簡単にいうと、

●10歳の子供……1年は自分の人生の10分の1
●60歳の大人……1年は自分の人生の60分の1

となり、**歳を重ねるごとに1年という時の重みは小さく感じてしまう**ことから、時が早く過ぎ去ると感じてしまうというのです。

社会人になり、「楽しい！」と答えられない状態で仕事を続けていても、時はまたたく間に過ぎていくばかりです。

人生において、仕事は最も大切なものとはいえませんが、多くの人が1日24時間のうち3分の1以上を、「仕事」に費やしています。その膨大な時間を「楽しい！」と思えるかどうかは、人生をより楽しく、充実させられるかどうかを左右する大切な要素になるはずです。

では、どうしたらいいのでしょうか。

仕事を楽しいと思えない人でも、少なくとも「ハッとさせられる」瞬間は加速する時の流れから抜け出し、「今」と向き合っています。でも多くの人は、次の瞬間には再び時の流れに飲み込まれているのです。

つまり、まず必要なことはハッとさせられたときに、そこで立ち止まり続けること。**「今」と向き合い続けること**。

もし時の流れに飲み込まれそうになったときには、自らに問いかけてみてください。

**「仕事は楽しいかね？」**と。

それが、「今」に立ち止まり続けるための第一歩となるはずです。

マックス・エルモアの言葉

Vol.1

「仕事は楽しいかね？」

はあ?
何言ってんだこいつ
ポテト

［第１章］

# 試してみることに失敗はない

どうしたらいいのでしょう
今の単調な生活を抜け出しやりがいのある仕事につくことが私にもできるのでしょうか

ドキッ
仕事は 楽しいかね？
──私は今年
32歳になります
これまで いったい
何をしてきたのでしょうね
専門学校を卒業して12年
一度も正社員に就くことは
なかったけれど
遊び歩いていたわけでは
ありません

派遣やアルバイトは小さな仕事かもしれないけれど
チャンスをつかめ
私はいつもまじめに一生懸命に働いてきました
かつてはデザイナーをめざし正社員の就職活動もしていましたし
MOMO
あいた時間にイラストやデザインの勉強もしていました
それがうまくいかなくて今も結局アルバイトを続けていますが
これといって不満があるわけではありません
一緒に働いている人はみんないい人たちですし
仕事もハードではないけれど手を抜いているわけではありません

時給も少しですが
毎年あげてもらっています
無駄遣いもせず
実家暮らしなので
生活に不自由が
あるわけでもなく
家にもお金を入れています
今は何も
困っていることは
ありません
そう
夢は実現できなかった
かもしれないけれど
私は幸せなのだ

でも…
若いときに
チャンスをつかもうと
もっと大胆に夢に向かって
努力をしていたら
今頃『仕事は楽しい』と
自信をもって
答えられたのかもしれません
でもこうやって
私の一日一日が──
一年が過ぎていきます
すみません
初対面の人に
こんな愚痴を
こぼしてしまって…

それにしてもこのコーヒー本当においしい
3年もカフェで働いているのに私にはこんなコーヒー淹《い》れられないな…
僕は今年で70歳になるけれど毎日がエキサイティングだよ！
今日もこうやって新しい出会いに恵まれたしね
エルモアさんはここのカフェのオーナーなんですか？
オーナーはさっきもいったようにあの子さ
僕は実業家でね
ひょんなことから知り合ったああいう若い子——
あの子もああ見えて君よりだいぶ年上だけどね
——たちのちょっとしたお手伝いをしているのさ

はー…
どうやったらこんな素敵なお店をオープンすることができるのか
私には想像もつかない
才能も努力も足りなかった私には…
このお店がどれほど〝素敵〟かまだ君は十分にわかっていないと思うけどね
でも今はそれよりも君の話だ
君の話を聞いて頭に浮かんだ言葉がある
一つは確か…詩人のエドナ・ミレイの言葉だったと思う

人生とは
くだらないことが
ひとつ またひとつと
続いていくのではない
ひとつのくだらないことが
『何度も』 繰り返されていく
多くの人は
〝退屈〟と〝不安〟は
同時に生じないと思っている
でもね
実情は違う
不安
退屈
多くの人々は
したくもない仕事をし
同時にそれを失うことを
恐れているんだ
確かに…

単調な毎日
もっとやりがいを感じる仕事に就きたいと思いながらその毎日を失うことも恐れている
仕事楽しー
若いからできるんだわ
歳を重ねれば重ねるほどそれは逆に増しているような気がしてならない
どうしたらいいのでしょう
今の単調な生活を抜け出しやりがいのある仕事に就くことが私にもできるのでしょうか
君は どうしたらできると思う?
私は——
以前読んだ本にこんなことが書かれていました

目標
目的地を知らなければ到達することはできない
彼方の目標をしっかりと見定めて自分の人生をきちんと管理すること
私はかつてデザイナーをめざしていたはずなのに自分の人生をまったく管理できていなかった
〝デザイナー〟という目標も漠然とそう思っていただけでただのあこがれ
明確な目標を立てて一歩ずつ進んでいかなかったことが誤りだったんですよね

なるほど!
今いったことを
ここに
書き出してみなさい
え?!
ほら 早く早く!
家に帰ったら
バスルームの鏡か
冷蔵庫か 机の横か…
よく見える場所に
その紙を貼って
おくといい
コクコク
ひょい
ただし
キュポ

ビッ
ビッ
なっ…
はい お返し

そして…
フン♪フン♪フン
この紙を
1枚目の横に
貼っておくこと
試してみることに……
ためしてみることいっぱいしっぱい
失敗はない

# 仕事への希望を見失わせる〝退屈〟と〝不安〟の負のスパイラル

## ■何がいけなかったのか？

人を取り巻く環境、携わる仕事は千差万別です。

現在に至る過程として、もちろん与えられる選択肢の幅は異なるでしょうが、少なくとも現代の日本で暮らしている多くの人は、目の前に複数の選択肢があり、それを選んで「今」に至ります。

本書の主人公の奈津は、学校を卒業してから一度も正社員には就いていません。でも遊んでいたわけではなく、デザイナーをめざして就職活動をするもうまくいかず、勉強をしながら短期の仕事を続け、「カフェのアルバイト店員」という今に至っています。結果、実家暮らしで生活に困っているわけでもなく、大きな不満はない。でも、「仕事は楽しい」とは自信を持って答えられない——。

奈津のように、現在の仕事に対して**「特別な不満はない」**けれど**「希望も見えない」**という人は少なくありません。真面目に一生懸命に生きてきた多くの人たちが抱える悩みです。

では、何がいけなかったのでしょうか？

「社会が悪い」と思う人もいるかもしれません。でも、誰もが希望を叶えられる完璧な社会というものは存在せず、またその定義も人によって異なります。

あるいは、「過去の選択が間違っていた」「その人が努力していなかった」という人もいるでしょう。でも、過去に選択を失敗したら人生は決まってしまうのでしょうか？ 努力した人から順に希望が叶うのでしょうか？

答えはノーのはずです。

そもそも、奈津がアルバイトではなく正社員であったら幸せだったでしょうか？

デザイナーになっていたら必ず「仕事は楽しい」と胸を張っていえたでしょうか？

正社員であっても、めざしていた職業に就いたとしても、実際に働いてみたら「想像していた仕事とは違った」「同じ毎日の繰り返しになった」「支出も増えてお金も足りなくなった」「人間関係が合わなかった」など、さまざまな理由から、現在の仕事に希望を見いだせない人はたくさんいます。

つまるところ、それは主観的な価値観に基づくのです。

## ■客観的な価値観とは直結しない

この事実は、たとえば日本の自殺者数の推移を見るとわかりやすいかもしれません。

現代の日本は、50年前とは比べものにならないほど物質的に豊かで便利な社会になりましたが、平成26年の自殺者数は2万5427人にも及びます（図）。

ここ数年は減少傾向にあるとはいえ、海外の国々と比較すると人口10万人あたりの死亡者数は世界9位、先進国では韓国に次ぐ2位。自殺にはさまざまな要因が絡み合いますが、ＷＨＯ精神保健部ホセ・ベルトロテ博士は、この日本の自殺率の高さについて、「直接の原因は過労や失業、倒産、いじめなどだが、自殺によって自身の名誉を守る、責任を取る、といった倫理規範として自殺がとらえられている」としています（出所：社会実情データ図録）。

　開発途上国と比べると、比較にならないくらい就職先があり、セーフティーネットが用意されている日本において、「仕事」にかかわる問題が自殺の大きな要因の一つとなっているのはなぜでしょうか？

　大抵の人は、**50年前の人間と比べたり、どこか遠い国の人と比べて絶望することはありません。**自身が経験してきたなかで培ってきた感情

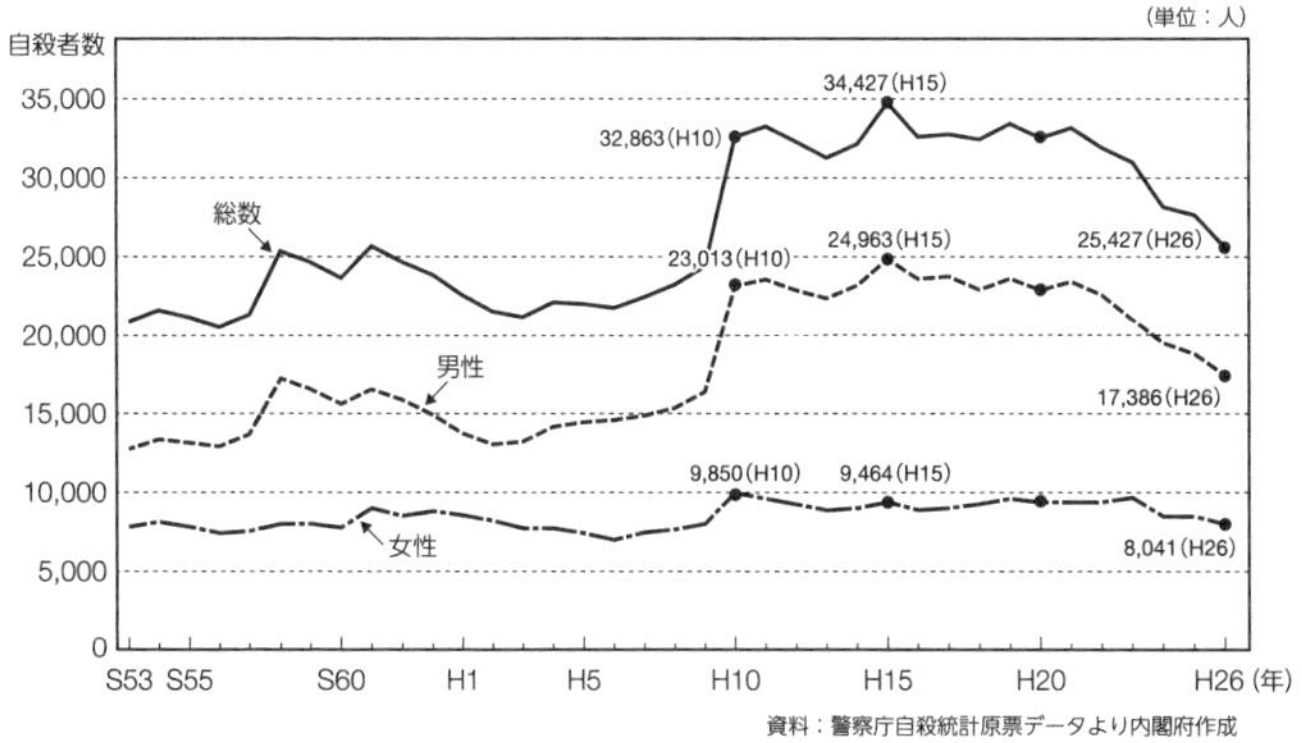


**図　日本における自殺者数の推移**

が、**かつて想像した明るい未来や身近な人たちと比べて「つらい」と感じたときに絶望する**のです。これについては後の章でも触れますが、「仕事は楽しい」と思えるかどうかは、待遇など客観的な価値観とは直結しないのです。

## ■〝退屈〟と〝不安〟の双子

ここで、本書の原著で触れている「スタグフレーション（stagflation）」について紹介しましょう。

スタグフレーションとは、「スタグネーション（stagnation ＝停滞）」と「インフレーション（inflation ＝インフレ）」を合成して生まれた経済用語です。従来、インフレと景気停滞は同時に存在しないと考えられていましたが、１９７０年代の石油危機の際に、多くの国がこの「スタグフレーション」の状態に陥って大打撃を受け、この言葉も広まりました。

以後、しばしばスタグフレーションは起き、そのたびに社会に閉塞感をもたらしています。そしてこのスタグフレーションと同じような問題が、現代では社員レベルで生まれていると指摘しています。

「この国の経済が新たな双子の要素を生み出したことがわかった。今度の双子は社員レベルで生まれている。〝退屈〟と〝不安〟という双子だ。きみは、この二つは、同時に生じないと思うだろう。だけど、違う。人々は、したくもない仕事をし、同時にそれを失うことを恐れているんだ」（『仕事は楽しいかね？』25頁）

皆さんはこの言葉を聞いて、どう思われますか？

**したくもない仕事をし、同時にそれを失うことを恐れている**――これは矛盾した話に聞こえますが、実際にはよく見受けられる光景です。

「仕事がつまらない」「会社を辞めたい」「毎日が退屈」――などという不満を抱えながら、「会社を辞めるのは怖い」「自分が何かしたって変わりっこない」「何事もなく今日の仕事を終えたい」――などという思いを持ち、進んで〝退屈〟を受け入れてしまう例は少なくないのです。

これは、例えば「今の会社を辞めたら転職先がみつからないのではないか」「上司に進言したら嫌がられるのではないか」「新しいことを始めたら同僚に笑われるのではないか」などといった〝不安〟により、変化することを恐れるために生じます。結果、**退屈と不安の両方を抱えたまま時間だけが過ぎていく**のです（図）。

しかも時を重ねれば重ねるほど、奈津のいうように不安は増し、退屈から逃れることは難しくなります。

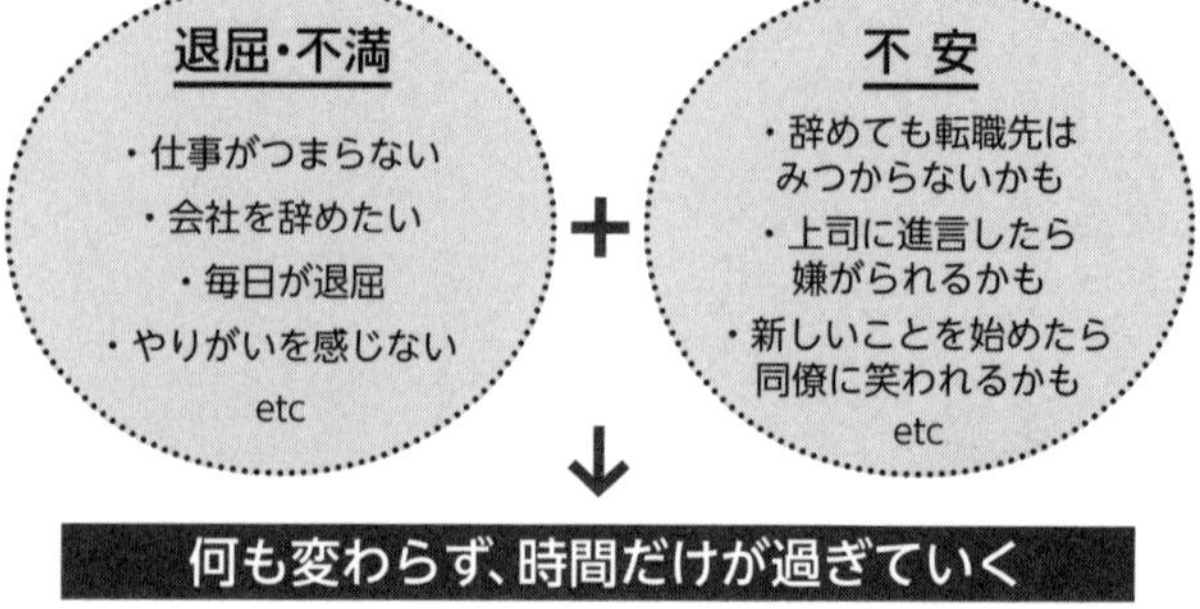
退屈・不満
・仕事がつまらない
・会社を辞めたい
・毎日が退屈
・やりがいを感じない
etc
＋
不安
・辞めても転職先はみつからないかも
・上司に進言したら嫌がられるかも
・新しいことを始めたら同僚に笑われるかも
etc
何も変わらず、時間だけが過ぎていく

図　退屈と不安の双子

## ■〝目標〟への幻想

では、どうしたらよいでしょうか。

プロローグで述べたように、まずは「今」と向き合うこと。それが第一歩ですが、問題はその次です。再び元の時の流れに飲み込まれないために、いったいどうしたらよいでしょう?

前述のように、**それまでに重ねた時間が長ければ長いほど、元の流れに戻ろうとする力は強くなります**。それを断ち切り、「今」と「向き合い続ける」ことがポイントになります。

多くの人は、ハッとさせられたときに「後悔」をします。「あのときにこうしていれば、今は違ったはず」と。そして元の退屈な時の流れに戻るのです。そのような後悔をしても、「今」には何も寄与しません。

本書のなかで、奈津は「目的地を知らなければ到達することはできない。彼方の目標をしっかりと見定めて、自分の人生をきちんと管理すること」が大切であり、「明確な目標を立てて、一歩ずつ進んでいかなかったことが誤りだった」と後悔しています。

それは一見、もっともらしく聞こえる言葉です。しかし、皆さんの周りで人生の目標をしっかり見定め、その道のりに沿ってきちんと歩み、当初の目標を達成している人がいったいどれだけいるでしょうか？　また、目標を達成した「瞬間」だけでなく、その「過程」や「達成後」も、「仕事は楽しい！」と思いながら仕事をしてきた人をどれほど知っているでしょうか？

マックス・エルモアは奈津の言葉に大きくバツ印をつけ、その代わりに次の言葉を授けます。

「**試してみることに失敗はない**」

これは、本書の根幹をなす言葉の一つです。

詳しくは次章以降で解説していきますので、まずはこの言葉をしっかり覚えておきましょう。

マックス・エルモアの言葉

Vol.2

# 「試してみることに失敗はない」

coffee break

# 性別・雇用形態でも異なる退職理由

仕事を辞める理由は、性別や雇用形態によっても違いがあるようです。

厚生労働省の「第6回21世紀成年者縦断調査」によると、「1年前（第5回調査時）に仕事を辞めた退職理由」は、男性が「正規→正規」で、「給与・報酬が少なかったから」が最も多く、次いで「事業または会社の将来に不安を感じたから」。「非正規→非正規」では、「契約期間が満了したから」「新しい仕事がみつかったから」が最も多く、次いで「給与・報酬が少なかったから」。また、仕事を辞めて「第6回調査時に仕事なし」の人は、「給与・報酬が少なかったから」と「能力・実績が正当に評価されなかったから」が最も多くなっています。

一方、女性は「正規→正規」で「会社の経営方針に不満を感じたから」が最も多く、次いで「給与・報酬が少なかったから」。また、「第6回調査時に仕事なし」の人は、「出産・育児のため」が最も多くなっています。

［第２章］●

# 明日は今日と違う自分になる

君に聞きたいんだけれど
なぜデザイナーになりたいと思ったんだい？
それは…
小さい頃から絵を描くのが好きだった
わーすごーい
深い考えもなくイラストレーターの専門学校に入学
でも周囲のうまい人を見てフリーのイラストレーターは無理だと思った
だからデザイン会社に勤めて少しでも勉強したことを生かせればと…
ふぅん最初はイラストレーターになりたかったんだね
そこから目標をデザイナーに変えた
でもそれも叶わなかった
少なくとも現時点では
はい

僕はこれまで仕事上のあらゆる問題は『情熱』があれば解決すると繰り返してきた
大好きな仕事をしているなら人は何時間働いても苦にはならないし
問題を解決することが楽しくてしょうがないってことは創造力に満ちているってことだしね
たしかにそうなんだ
だからみんなと同じアドバイスを僕もしてきた
『大好きなことをしろ!』とね
でもこれにはひとつ問題がある
多くの人は自分がどんな仕事が大好きか
どういう仕事をこの先ずっと朝から晩までしたいかわからないということだ

たとえば
テニスを好きな人がいて
それなら世界の一流の選手に
なりたいと思うだろう
でも
テニスのスター選手なんて
自分の能力を超えた
仕事だってわかっている
全仏オープン
だとしたら
好きとわかったところで
どうなるだろう
大抵の人は
自分には夢中に
なれるものがない
ということを
なかなか認めないいんだ
つまりだ
僕がいいたいのは
理想の仕事について
ちゃんとした考えを
持っていないなら
物足りなさや
取り残されたような
思いを抱くだろうって
ことなんだ
その反面
たとえこれぞと思う
仕事に関して
夢を持っているとしても
思い込みは禁物なんだ

アメリカでは多くの人が精神分析医のところへ詰めかけこうぼやいている
『ずっとしたいと思っていた仕事をしているのになぜかやっぱり幸せじゃないんです』とね
そういう人は計画を立てることに依存しすぎている
僕が『目標の弊害』と呼んでいる状態に陥っているんだ
目標の弊害…ですか？
コクリ
成功者の多くはみんな人生のある時点で仕事に対する目標を変えた人たちだ
A
B
もし彼らが昔の夢を意地でも変えようとせず断念することを拒んでいたらどうなっていたかいくつか例をあげてみよう

黒澤明監督は画家として活動を続けていただろう
中学卒業後、画家の道を志す。何点か受賞も経験するが、見切りをつけた。
SF作家の星新一は製薬の仕事を続けていただろう
実家の製薬会社を継ぐも倒産。過労で体を壊し療養していた病床でSFに出会う。その後作家デビューまでの間「星薬科大学」の非常勤理事として生活する。
理事
ハリー・ポッターの作者J・K・ローリングは教師を続けていただろう
I'm a Teacher
離婚をきっかけに英語教師を辞めたとき、生活保護を受けながらハリー・ポッターを完成させる。それまで趣味で執筆していたが一度も完成させたことがなかった。
こんなのはほんの一例さ
マサル
君がカフェのオーナーになったきっかけを話してくれるかね？

僕はもともとシステムエンジニアだったんです
仕事は全然向かなくて失敗ばっかり
ERROR
会議のときコーヒーが好きだったのでみんなに淹れてあげたんです
そしたらおいしいって喜ばれて
仕事であまりほめられることがなかったから嬉しくなって
家でもコーヒーを淹れるようになって…
それでカフェ経営??
さ…さすがにそれだけではないです
実家が古本屋だったんですが僕が32歳のときに父親が亡くなってそれを機に母親が本を処分しちゃったんです
ダンボールひと箱分の希少本を残して
全集
全集
全集
お宝かも?

母も正確な価値を理解していなかったその本を形見代わりに譲り受けたんです
もしかし
実家の古本屋か
は何言語な
僕にも正確な価値はわからなかったけれど好きな人もいるかと思ってブログにアップしたところ
もしかしてすご
価値ないかこ
僕が見てメールしたのさ
バッ
素晴らしいコレクションだから譲ってほしいってね
大事なものだからと断られたけど
ちょうど日本に来ているから実物を見せてくれないかってお願いしたらマサルは快くＯＫしてくれたんだ
主を失った古本屋でそれは素晴らしい時間でね

そのとき淹れてくれたコーヒーがまたおいしい！
日本でこんなおいしいコーヒーを飲めると思わなかった
今の仕事よりコーヒーを淹れるほうが向いているのかもしれませんね
だったらそれを仕事にしたらいいここでカフェでもはじめたらいいじゃないか
え??
本とコーヒーのお礼に僕が協力するからってね
い…いやそれだけで決めたわけじゃないです
ただ…僕もゆくゆくは父親の跡を継いでお店を守らなければいけないのかなって考えたこともあったんです

それが突然父が亡くなり何の知識もない僕が古本屋を続けていくのは難しい――
古本
閉店
でもこの土地をそんな簡単に処分して離れていいものか迷ってもいたんです
そんなときの話で気がついたらあれよあれよと話が進んでしまって…
ちょいちょい
…騙されてないですか？
コソ
コソ
ニコニコ
僕も一応調べましたがけっこうこの方すごい人みたいです
どう思ったかね？
えええっと…いろんな偶然が重なって…その
運がよかったんですね

運がよかったかどうかはまだオープンしていないんだからわからないさ
がんばります
でも単に偶然が重なっただけかな？
あるいはなぜ重なったのかな？
どういう意味ですか？
それは
彼が〝試す人間〟だったからさ
…よくわかりません
だって…偶然なんて予想できるわけないです
ねぇ いいかい？
頭のいい人がよくする愚かな質問は『あなたは5年後どんな地位についていたいですか？』というものさ

こんな質問は大嫌いでね
僕はこの先今とは違う人間になっていこうと思っている
だけど今から5年後に『どんな人間に』なっていたいかなんてわからないし
『どんな地位に』ついていたいかなんてことはなおのことわからないよ
でも現実にはわからないことを待つことはできません
目標がなければどこに向かっていいのかわからないしどこまで自分が進んだのか図ることもできないのでは…
君はどこまで進んだのかね？

人生はそんなに
規則正しいものではないよ
規則からはずれたところで
いろんな教訓を
与えてくれるものだ
あ…
大抵の人は
マンネリ化した生活から
抜け出すために
目標を設定する
だけど
いいかい？
今日の目標は
明日のマンネリなんだよ

経済学者の
バートン・マルキエルは
仮想のコイン投げ競争を
想定した
IN GOD WE TRUST
LIBERTY
1991
参加者は千人
表が出れば勝ち
裏が出れば負けだ
そうして千人の人々が
コインを投げると
だいたい半分の人が
裏が出て負ける
表が出た500人は
もう1回コインを投げる
7回投げ終わると
コインを投げる人は
8人になる
このころには
コイン投げの達人たちの
目を見張るような能力を
ひと目見ようと
見物人が集まってくる
裏
表
裏
裏
裏
裏
IN GOD WE TRUST
LIBERTY
1991
そして勝った人たちは
お世辞に当惑させられる
コイン投げの天才だと
ほめたたえられ
生い立ちを聞かれたり
急にアドバイスを
求められるように
なったり…
いずれにしても
参会者が千人いても
たえず表を出し続けられるのは
わずか8人にすぎない

成功は運だけだといいたいのですか?
そうではない
もちろん
成功には
成功の前提条件を
そろえなければ
ならない
もし 頭が切れなかったり
勤勉でなかったりしたら
10回のうち10回とも失敗する
ことも少なくないだろう
でももし適切なことを
しっかりやったら
10回中失敗するのは
9回になるんだよ
今まで読んだ
素晴らしい小説の中で
ベストセラーに
ならなかったものが
何冊あるか 考えてごらん?
あるいは 地方のバーで
歌っている歌手だって
テレビに出ている歌手より
実力のある人が何人いるだろう
いいかい?
おもしろいのに…

問題は才能のあるなしでもなければ勤勉かどうかってことでもない
コイン投げの達人ではないってことなんだ
いくら分析したってコイン投げの達人になんてなれないよ
一番大切なのは毎日違う自分になるということ
これは『試すこと』を続けなければならないということだ

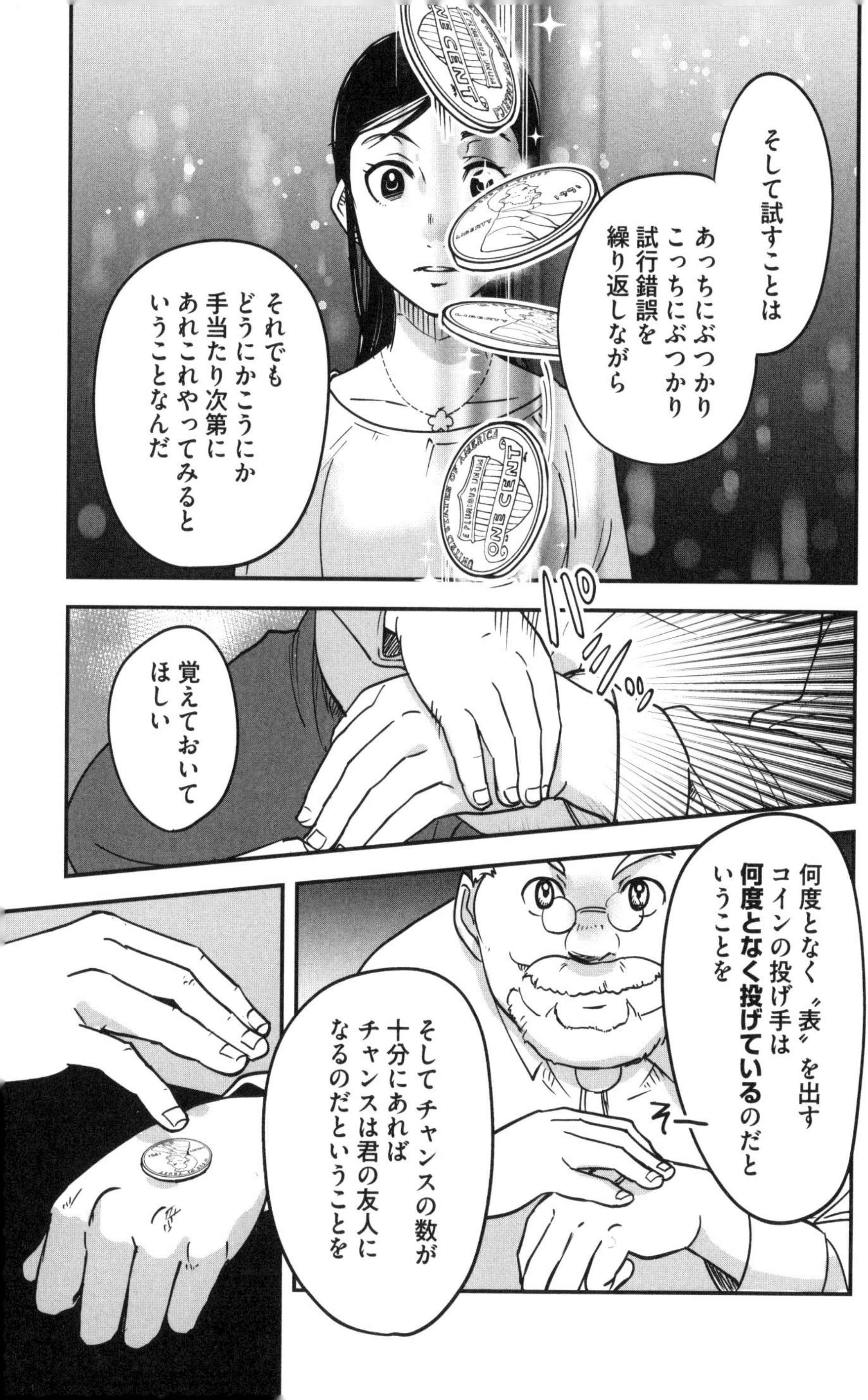
そして試すことは
あっちにぶつかり
こっちにぶつかり
試行錯誤を
繰り返しながら
それでも
どうにかこうにか
手当たり次第に
あれこれやってみると
いうことなんだ
覚えておいて
ほしい
何度となく〝表〟を出す
コインの投げ手は
**何度となく投げている**のだと
いうことを
そー
そしてチャンスの数が
十分にあれば
チャンスは君の友人に
なるのだということを

## 〝目標の弊害〟に陥らず仕事に対する目標を変えていく

### ■待遇は、消極的理由にしか作用しない

仕事を楽しいと思えるかどうかは、主観的な価値観に基づいています。だとしたら、自分の気の持ちようを変えられれば済む話ですが、そう簡単でないことは誰もが知っています。楽しくないものを無理に楽しいと思うことはできませんし、自身にとって同じ環境が永続的に与えられるということもありません。

マックス・エルモアはこう語っています。

「僕はこれまで仕事上のあらゆる問題は、『情熱』があれば解決すると繰り返してきた。大好きな仕事をしているなら人は何時間働いても苦にはならないし、問題を解決することが楽しくてしょうがないってことは創造力に満ちているってことだしね。だからみんなと同じアドバイスを僕もしてきた。『大好きな仕事をしろ！』とね」

仕事の満足度についてさまざまな調査結果を見ると、転職・退職理由には必ず「給与が少ない」「労働時間が長すぎる」「休暇が取りづらい」などの待遇面が並びます。

では、待遇面さえよければ仕事の満足度が高いかというとそんなことはありません。社員の定着率の高い会社の調査結果を比較すると、実は待遇面はバラバラなのです。

なぜなら**「仕事が楽しい」理由と待遇面との間には、直接の相関関係がほとんどない**からです。その時間が楽しければ、上司に早く帰れといわれようが進んで残業していくことでしょう。一方、「待遇がよいから、今の仕事を辞めづらい」という人はたくさんいたとしても、「給与が高いから、定時に帰れるから、仕事が楽しい」という人はまずいないのです。

労働政策研究・研修機構が労働者約10万人を対象に調査（有効回答数7828人）した研究結果、『これからの雇用戦略―誰もが輝き活力あふれる社会を目指して』によると、「働くことの満足度や就業継続意識は、賃金、労働時間などの労働条件以上に、仕事の内容に大きく関わっている。労働者は、仕事の内容の中でも能力発揮、達成感、成長感といった側面に強い関心がある」と結論づけています。

つまり、今の仕事を**「辞めたい」「辞めづらい」という消極的理由には待遇面が大きく影響しますが、「楽しい」「ずっと続けたい」という積極的理由には待遇面はさほど影響しない**のです。

## ■目標を目的にしてはいけない

大好きなことを、情熱を持って取り組むことができれば、仕事は楽しいに違いありません。少々の困難が生じたところで（実際、困難がまったく生じない仕事というものもないでしょう）、「問題を解決することが楽しくてしょうがない」はずです。

でも、マックス・エルモアが指摘するように、これには一つ問題があります。それは、「**多くの人は、自分がどんな仕事が大好きか、どういう仕事をこの先ずっと朝か**

**ら晩までしたいかわからない**」のです。

子供の頃には、プロスポーツ選手や歌手、映画監督、作家……などなど、さまざまな有名人を目にしてあこがれを抱いた人は少なくないでしょう。でも、それがいかに狭き門で、実現するには難しい仕事かということは、大人になる過程でわかってきます。仕事によっては、一定の年齢を過ぎてからでは手遅れとなる職業――たとえばスポーツをしたことのない人が20歳を超えてからメジャーリーグをめざしても不可能でしょう――というものもあります。子供の頃にあこがれた職業に就くことが無理だとわかったとき、次に自分がどんな仕事をしたいかと考えてもわからない――。

一方で、子供の頃からあこがれた職業に就いた

としても、幸せになれるとは限りません。「ずっとしたいと思っていた仕事に就いたのに、なぜかやっぱり幸せじゃない」という人は、おそらく皆さんの周りにもいることでしょう。そういう人に対して、マックス・エルモアは「計画を立てることに依存しすぎている。僕が『目標の弊害』と呼んでいる状態に陥っている」と指摘しています。

大切なのは、「昔の夢に固執する」ことでもなければ、「夢を実現すれば必ず幸せになれると思い込む」ことでもありません。目標を立てることが目的になっても、「仕事が楽しい」人にはなれるかどうかは別問題です。

ここで、次の事実を覚えておいてください。

仕事に成功し、継続して成し遂げている多くの人たちは、みんな人生のある時点で、仕事に対する目標を変えた人たちだということを。本書のなかでは、映画監督の黒澤明やSF作家の星新一、ハリー・ポッターの作者であるJ・K・ローリングを挙げていますが、これはごく一例にすぎません。有名・無名にかかわらず、**昔の夢に固執しなかったからこそ、偉大な功績を残してきた人たちのほうがずっと多い**のです。子供の頃にあこがれた職業に就くことが無理だとわかっても、失望することはありません。

マックス・エルモアの言葉
Vol.3

「みんな、人生のある時点で
仕事に対する目標を変えた人たちだ」

# 「表」を出すコインの投げ手は何度となくコインを投げている

## ■未来は誰にも予測できない

ここで、あらためて目標設定の話に戻りましょう。

「あなたは5年後、どんな仕事をしていると思いますか？」

「あなたは10年後、どんな地位についていたいですか？」

そう質問を受けたとき、皆さんならなんと答えるでしょう。もちろん、想像することや希望を述べることはできます。しかし同時に、5年後、10年後どころか、おそらく1年後だって正確に予想できないことは皆さんも知っているはずです。

私たちの社会では、往々にして時間や進歩に対して直線的な見方をしています。

「人生とは、やるべき仕事や習得すべき技術や到達すべきレベルの連続であり、目標を設定して、それに向かって努力しなさい」

そんな言葉が、もっともらしく語られます。しかし、**人生はそんなに規則正しいものではありません。規則から外れたところでこそ、いろんな教訓を与えてくれる**ものではないでしょうか。

下表は、ここ十年に起きた大きな

表　2006-2015年に起きた主な出来事

| | |
|---|---|
| 2006 | ・三菱東京UFJ銀行発足<br>・ライブドア・ショック発生<br>・第1回WBC開催で日本優勝 |
| 2007 | ・東京ミッドタウン開業<br>・iPhone発売(日本発売は2008年)<br>・iPS細胞の作製成功 |
| 2008 | ・リーマン・ショックから世界的金融危機発生<br>・ノーベル賞で日本人4人(アメリカ国籍1人)受賞<br>・中国製冷凍餃子中毒事件発生 |
| 2009 | ・新型インフルエンザ流行<br>・民主党が総選挙で大勝し政権交代<br>・米国で黒人初となるオバマ大統領就任 |
| 2010 | ・参院選で民主党惨敗、ねじれ国会に<br>・尖閣諸島中国漁船衝突事件発生<br>・日本航空が会社更生法申請 |
| 2011 | ・東日本大震災・福島原発事故発生<br>・米アップルのスティーブ・ジョブズ死去<br>・世界の人口70億人突破 |
| 2012 | ・東京スカイツリー開業<br>・総選挙で自民党が大勝し政権交代<br>・集団食中毒事件受け、牛レバ刺し全面禁止 |
| 2013 | ・2020年東京五輪開催決定<br>・富士山を世界文化遺産に登録<br>・LINE利用者3億人突破 |
| 2014 | ・消費税8%に増税<br>・STAP細胞問題発生<br>・御嶽山噴火 |
| 2015 | ・ISIL(イスラム国)による日本人拘束・殺害事件発生<br>・五輪会場・エンブレム問題発生<br>・新安保法案成立 |

出来事をごく一部抜粋したものです。これらのうち、その発生と影響を何年も前に想像できたものがいくつあるでしょうか？　それぞれの出来事は、自分の仕事や人生に直接影響を及ぼさなかったという人もいるでしょう。しかし間接的には何かしらすべての人に影響を及ぼしているはずです。たとえばネットインフラおよびスマートフォンの急速な普及・進歩が、私たちの生活や社会環境を劇的に変えていることは、誰も疑いようのないことでしょう。

東京商工リサーチの発表によれば、2015年の企業倒産件数は8812件です（表）。ここ数年、減少傾向にありますが、**毎年1万件近い企業が倒産**しています。早くから予兆のあった企業もあれば、予想外の出来事に遭遇して突然倒産してしまった企業もあることでしょう。ただし、**倒産は多くの人にマイナスの要因をもたらしますが、すべての人を不幸にするわけではありません**。なかには倒産がきっかけで転職し、結果的に以前よりやりがいのある仕事に就く人もいるでしょうし、思わぬ仕事が舞い込む人たちもいることでしょう。

いずれにしても、ここでいいたいことは、「何年も先に明確な目標を立て、その道どおりに一歩ずつ実現していく」のは不可能だということです。5年後、10年後はもとより、1年後も、さらには明日でさえ、何が起こるかはわかりません。**仮に目標を立てたとしても、「絶えず変えていく」ことが必要**なのです。

マックス・エルモアは次のようにいっています。「大抵の人は、マンネリ化した生活から抜け出すために目標を設定する。だけど、いいかい、今日の目標は明日のマンネリなんだよ」と。

目標を立てることが、必ずしも悪いこととはいいません。しかし、**目標に縛られることは愚か**です。周囲に変化が起きても、目標およびそのための計画に縛られたままでは、「仕事が楽しい」毎日を送ることはできないはずです。

表　全国の企業倒産状況（負債総額1千万円以上の倒産統計）

| | | | |
|---|---|---|---|
| 2000年 | 18,769 | 2008年 | 15,646 |
| 2001年 | 19,164 | 2009年 | 15,480 |
| 2002年 | 19,087 | 2010年 | 13,321 |
| 2003年 | 16,255 | 2011年 | 12,734 |
| 2004年 | 13,679 | 2012年 | 12,124 |
| 2005年 | 12,998 | 2013年 | 10,855 |
| 2006年 | 13,245 | 2014年 | 9,731 |
| 2007年 | 14,091 | 2015年 | 8,812 |

（東京商工リサーチ調べ）

## ■遊び感覚でいろいろ「試す」発明家

「人生は進化だ。そして進化の素晴らしいところは、最終的にどこに行き着くかまったくわからないところなんだ」（『仕事は楽しいかね？』41頁）

この言葉を皆さんはどう思いますか？

私たちは、未来を正確に予測することはできません。でも、だからこそ人生は素晴らしいのです。目標の奴隷になってはいけません。

マイクロソフト社の創業者であるビル・ゲイツは、億万長者になったのは偶然であり、自分を突き動かしたのはお金ではないともいっています。では、何が彼を突き動かしたのでしょう。

「コンピュータは〈整然としている〉ってことなんだ。これはゲイツ自身の言葉だ

マックス・エルモアの言葉
Vol.4

「今日の目標は明日のマンネリ」

よ、〈整然としている〉というのはね。それから彼は、目標はつねにコンピューターに〈違ったやり方で〉処理させる方法を見つけることだとも明言していた。この〈違ったやり方で〉というのも、彼自身の言葉だ」（『仕事は楽しいかね？』44頁）

発明家や革新者の多くは、自分がどこへ向かっているかということはわかっていません。**ただ遊び感覚でいろいろ「試して」、成り行きを見守ろうと思いながら行動している**ように見えます。

## ■コイン投げの達人など、存在しない

ここで、バートン・マルキールのコイン投げ競争について想像してみましょう。ちなみに、バートン・マルキールは、株価の値動きについて「ランダム・ウォーク理論」を提唱した経済学者です。

コインを投げて、「表が出れば勝ち、裏が出れば負け」というゲームを続ける場合、

1回で表が出る確率は約1／2。千人がこのゲームに参加し、1／2の確率で表が出続けるとすると（端数繰り上げの場合）、7回で8人。10回表を出し続ける人は、千人中たったの1人という計算になります。

この最後の1人について、「すごい」と思うことでしょう。あるいは「運がいい」と。

でも、この最後の1人になるには、いくつかの前提条件があります。

まず、「正しく投げる」ということ。投げようとして落としたり、投げるタイミングを間違えたりしたら、失格になってしまいます。

次に、「10回投げる」ということ。当然ですが、10回投げないことには、最後の1人になることはできません。

そうした前提条件を満たしたうえで、他にできることはなんでしょうか？

それは、「**何度もゲームに参加すること**」です。2回ゲームに参加すれば、可能性は2倍になります。10回ゲームに参加すれば10倍です。

話を単純にするためにコイン投げを例にとりましたが、私たちは、たとえば素晴らしい小説が順にベストセラーになっているわけではないことを知っています。歌のうまい人が順にプロの歌手になっているわけではないことも。
なかには、運も作用することでしょう。でも、少なくとも「試して」みないことには始まりません。何度となく「表」を出すコインの投げ手は、コイン投げの達人などではなく、何度となくコインを投げているのです。

「僕がいままでに掲げた目標が一つだけある。聞きたいかね？
〝明日は今日と違う自分になる〟だよ」（『仕事は楽しいかね？』39頁）

**毎日、違う自分になるということは、「試すこと」を続けるということ**です。ここで、前章の最後の言葉をもう一度思い出してください。「試してみることに失敗はない」のです。

試行錯誤を繰り返し、日々新しい自分へとなっていく。変わっていくことは大変かもしれませんが、同時にとても「楽しい」ことでもあるのです。

マックス・エルモアの言葉
Vol.5

「明日は今日と違う自分になる」

やった
決まった――
ドヤ

［第3章］

# 偶然は発明の父

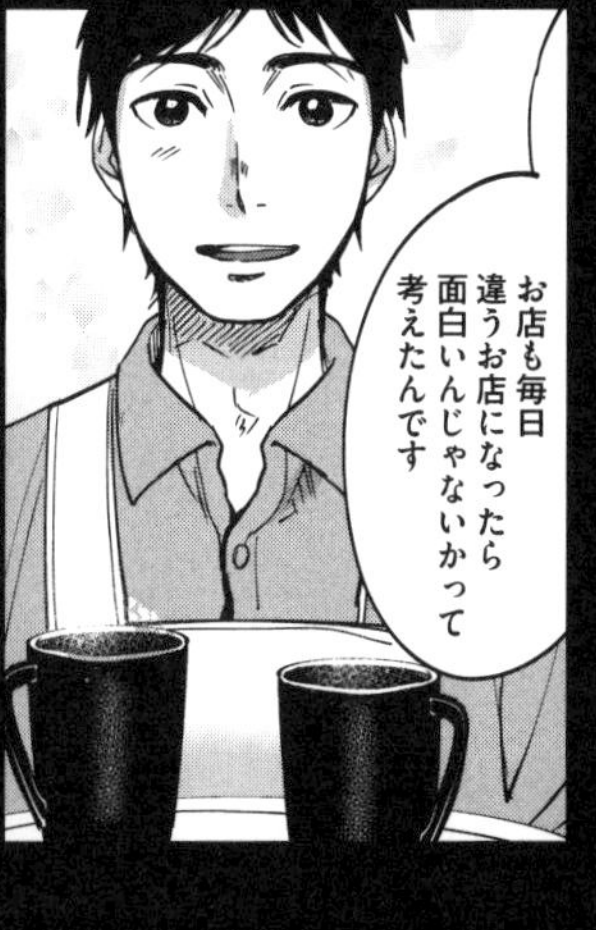
お店も毎日
違うお店になったら
面白いんじゃないかって
考えたんです

僕が気に入ってる
〝コインの表〟の
話を紹介しよう
最初はコカ・コーラだ
もう一世紀近く
前の話になる
アトランタに
ジョン・ペンバートンという
薬屋がいて 何十種類もの
治療薬を考え出していた
白髪染め剤に
女酋長の白髪染め《インディアン・クイーン・ヘアダイ》とか
名前をつけてね
ある日
お前たち倉庫で
何やってるんだ?
コソコソ
在庫
頭痛薬
じゃないか
頭が痛いのか
COCA WINE
確かに
おいしい…
ソーダ水と混ぜると
もっとおいしくなるかも
いやその
水で希釈すると
おいしいので…
コカ・コーラと
名づけたぞ

ちなみに
コカ・コーラの
あの流れるような字体のロゴは
売り上げ記録をつけてた
ノートに書いてあったものだ
Coca
へぇ…
チョコチップ・クッキーの
話も好きだ
マサチューセッツにある
トールハウス・イン
というホテルで
クッキーをつくっていた
ルーク・ウェークフィールドは
その日は
チョコレートクッキーを
焼こうとしていた
予定では
溶かしたチョコを
入れて生地を作る
はずだったのだけど
急いでいて
チョコを刻んで
そのまま
放り込んだ
大丈夫よね
焼いている間に溶けて
チョコレート生地に
なると思ってね

ところがそうはならなかった
でも味見をしてみると…
おいしい！
どう思う？
まぐれがいい方に左右したでしょうか…？
ハハ！そうまぐれには違いない
だけど君はこれまで『まぐれ』を活かせてきたかね？
ジーンズを開発したリーバイ・ストラウスはティーンエイジャーのときにアメリカにやってきた
GOLD
GOLD
GOLD
ある日カルフォルニアの「金」鉱山の話を耳にし帆船にいろんな商品をつぎ込んで売って回った

計画は大成功
旅人たちによってカルフォルニアに着く前に何もかも売り切れボロ船だけが残った
すっからかん
そこに
ボロ…
ズボンはないか？
ないならいい
ちょっと待って
ズボンが品薄だと気がついた彼は
なんとかしたい……そうだ！
帆布を使って丈夫なズボンをつくったんだ
なぜ僕がこんな話をするかわかるかね
偶然を見つけるのにも必然と試行錯誤があったということですか？
その通り

『思いつき』と『偶然の出来事』は異母兄弟なんだ
注意さえ払い始めたら
目にできるあらゆるところに偶然が転がっているのがわかると思うよ
マサル
ハイ
パッ
カチ
わあ…

白い壁に風景を映しているのね
パ
パ
ステキです
パ
パ
気に入ってくれたかい?
これはマサルのアイデアだ
マックスさんに『明日は今日と違う自分になる』といわれて
お店も毎日違うお店になったら面白いんじゃないかって考えたんです
季節や天候そのときどきにあわせて一番合う風景でコーヒーを飲めたらいいって
お酒は大丈夫ですか?

お酒？はい
強くはありませんが
でもこれ
コーヒーですよね
コーヒーとお酒は
相性が良くて
アイリッシュ・
コーヒーをはじめ
酒入りのコーヒーは
世界のメジャーな
飲み物なんです
日本でももちろん
コーヒーカクテルは
飲めるけれど
バーでしか
飲めないだろう？
ここで飲めるのは
お酒の専門家がつくる
酒入りのコーヒーではなく
コーヒーの専門家がつくる
酒入りコーヒーだ
『朝のコーヒー』
というのは
よく聞くけど
この店では
『夜のコーヒー』
を出すのさ
ほおおお…
あ…風景が
星空に…

不思議な味……でも おいしい！
日本酒とのブレンドコーヒーなんです
あるとき まだ底に日本酒が残っているのに気づかずコーヒーを淹れてしまって…
最初まずいと思ったんですがうまくブレンドすればおいしくなるかもと…
純吟
どうだい これが転がっていた偶然さ…
注意深く目を凝らせば…
偶然が転がり込んでくる
あ…あの さっきから気になっていたんですが この机に埋め込まれたタブレットって これもアイデアですか？

パッ
この背景にコメントが流せるんですよ
面白いですけど…具体的に何をするんですか
パパパパ
さあ…？遊びのつもりでつけたので…
この端末を介して座席同士の会話もできますカフェだけの閉じたSNSをつくってみました
きっとお客さんも新しい使い方を考えてくれるさ
エッ
事業も仕事も偶然の連続なんだ
パ
パ
パ
パ
パ
パ
計画通りにはいかないという言葉には多くの人がうなずくのに相変わらず大勢の人が計画を立てることを崇め奉っている

Necessity may be the mother of invention, but pure chance is invention's fath
計画立案者はもっと少なくてよくてまぐれ当たり専門家こそもっとたくさん必要なのにね
必要は発明の母かもしれない
だけど偶然は発明の父なんだ
…大事なのは偶然を待つことですか？
偶然を呼び込むのさいろいろ〝試し〟起きている偶然に〝気がつく〟こと
君は 何を試してきたのかね？

# あらゆるところに転がっている「偶然」を仕事に取り入れる

## ■〝思いつき〟と〝偶然の出来事〟は異母兄弟

コカ・コーラやチョコチップ・クッキー、リーバイスなどの話を読んで、皆さんはどう思ったでしょうか？

これらは決して特別な例ではなく、偶然をきっかけにさまざまなヒット商品が生まれています。

日本の商品でひとつ例を挙げると、「柿の種」などもそうです。

現在の柿の種を最初につくり出したのは、浪花屋製菓の創業者である今井《いまい》與三郎《よさぶろう》とされています。当時、手作業で薄くスライスした餅を重ね、小判型の金型で切り抜いてあられを作っていたそうですが、その金型を**うっかり踏み潰してしまった**のです。直らないのでそのまま使用したところ、歪んだ小判型のあられになってしまった――これが「柿の種」誕生のきっかけです。

こうした話を聞くと、「運がよかっただけ」で片づけてしまう人がいますが、前章でも述べたようにそれは違います。金型をうっかり踏み潰して変形させてしまっただけなら、おそらくそれまでに今井與三郎以外にも存在したことでしょう。そこから皆さんの知る「柿の種」になるまでにはいくつもの試行錯誤があったことは明らかです。

「〝思いつき〟と〝偶然の出来事〟は異母兄弟なんだ。注意さえ払い始めたら、目にできるありとあらゆるところに偶然が転がっているのがわかると思うよ」(『仕事は楽しいかね?』58頁)

皆さんの周りにもさまざまな「偶然」が転がっているはずです。それに気がつくと仕事は「楽しく」なります。

事業も仕事も、世の中のさまざまなことは、偶然の連続で成り立っています。

多くの人が、**往々にして「計画どおりにはいかない」ことを知っています。にもかかわらず、未だに大勢の人が計画を立てることを崇め奉っている**のです。

計画を立てることがまったくの無駄とはいいません。でも、計画どおりにはいかないことは「わかっている」以上、計画立案者はもっと少なくてよく、またその計画を重要視する必要もありません。マックス・エルモアにいわせれば、**「まぐれ当たり専門家こそもっとたくさん必要」**なのです。

発明に「偶然」はつきものです。なぜなら偶然こそ、それまで考えもしなかったことを教えてくれるのですから。

そうして発見した偶然は、ワクワクします。それを仕事に取り入れることで、あっと驚くようなアイデアや新商品も生まれるのです。

マックス・エルモアの言葉
Vol.6

「必要は発明の母かもしれない
だけど、偶然は発明の父なんだ」

# いろいろ試し、起きている偶然に気がつき、新しいことを始める

## ■「論理的思考」と「認知バイアス」

次に、「論理的思考の落とし穴」について説明しましょう。

たとえば企業の営業戦略会議などに出ると、「消費者はあらかじめ決めたものを購入する」という前提のうえで議論されることがよくあります。

消費者は、①まず商品のことを知る→②その商品のコンセプトが気に入り、欲しいと思うようになる→③最後に、知識を持ったうえでそれを買う決心をする——とステップを踏むという前提です。消費者は徐々に気持ちを高め、それから行動に移ると

いうわけです。これは実に整然としており論理的な考え方です。

しかし、本当にそうでしょうか？　また、それで「本当に欲しいもの」を手に入れられるでしょうか？

たとえばお店へ行き、ずらっと並んでいる同じ商品からひとつ選ぶとき、どのようにするでしょう？　パッケージの色が気にいって手に取り、それから商品の成分などを見て、購入する――このケースだと、「いろんな情報を得て、それから買う」ではなく、**「まず買おうと考え、それからいろんな情報を得る」**という動きになります。整然としてもいないし、論理的でもありません。

「統計データはもっと少なくていい。事実というのは弱い者につけ込む。現実的な情報をこれでもか、これでもかと出してくる。惚れ込むことのできる車がほしいなら――まずこの車だと決めて、それから事実を調べること。きみが車を選ぶんじゃない――車にきみを選んでもらうんだ」（『仕事は楽しいかね？』65頁）

ここで、「認知バイアス」に触れておきましょう。

認知バイアスとは、認知心理学や社会心理学において知られる用語で、ある対象を評価する際に、自分の希望などに沿って評価が歪められることを指します（図）。

たとえば、自分の子どもを評価するときに、「いい評価であって欲しい」という希望から、第三者からの悪い言葉を都合よく解釈したり、いい評価しか聞かなかったりする――これが認知バイアスです。多くの人が、身に覚えがあると思います。この認知バイアスは、論理的な思考を妨げるため、注意すべきものと考えられています。

では、消費者意識――自分が「本当に欲しいもの」を手に入れるときの心の動きをもう一度考え

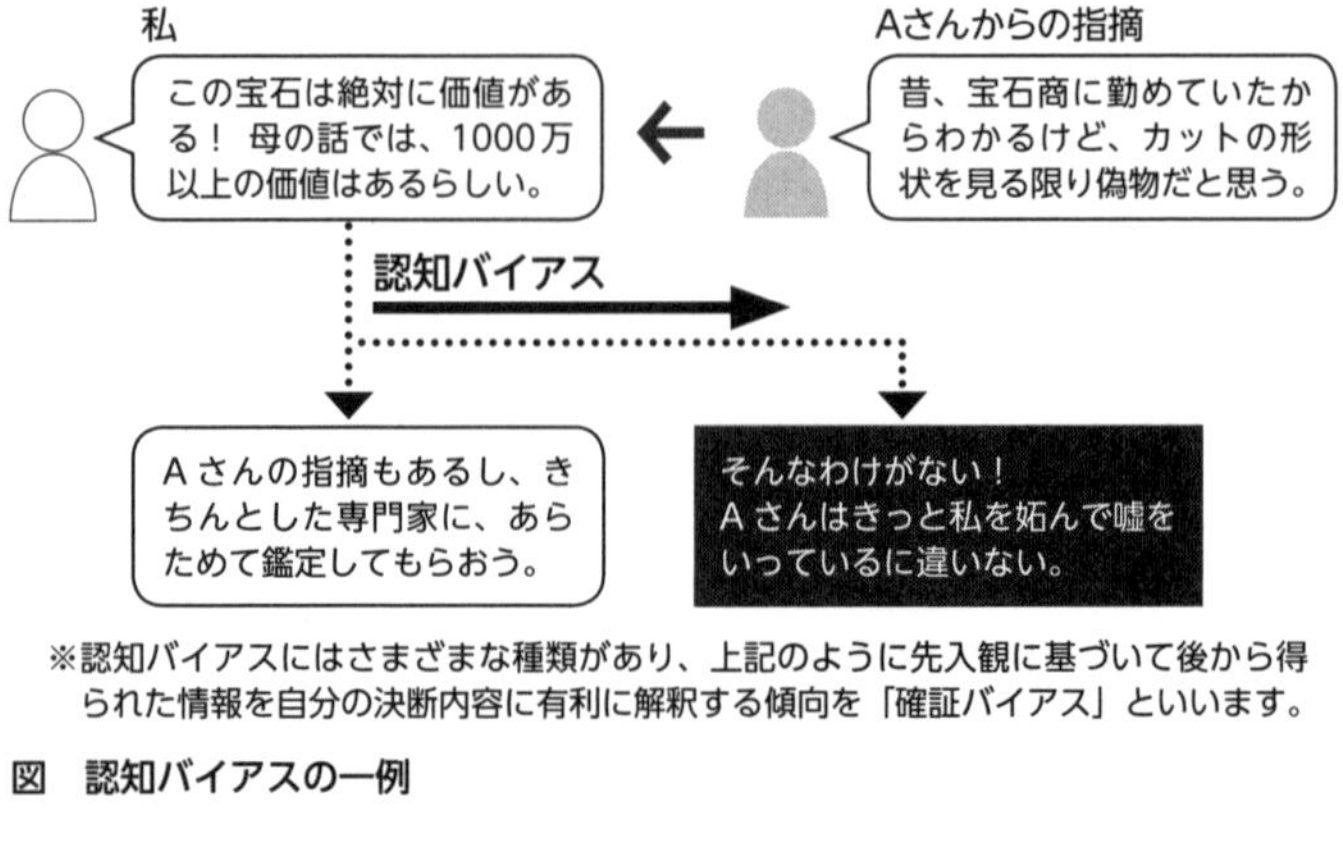

私
この宝石は絶対に価値がある！ 母の話では、1000万以上の価値はあるらしい。
Aさんからの指摘
昔、宝石商に勤めていたからわかるけど、カットの形状を見る限り偽物だと思う。
認知バイアス
Aさんの指摘もあるし、きちんとした専門家に、あらためて鑑定してもらおう。
そんなわけがない！ Aさんはきっと私を妬んで嘘をいっているに違いない。


※認知バイアスにはさまざまな種類があり、上記のように先入観に基づいて後から得られた情報を自分の決断内容に有利に解釈する傾向を「確証バイアス」といいます。

図　認知バイアスの一例

てみましょう。

認知バイアスに引きずられるのはもちろんよくないことですが、**大事なのは「最初に評価がある」という事実**です。ありとあらゆる情報をそろえ、吟味してから「好き」になることはまれで、大抵は「少ないデータ」から「好き」になり、それから他の情報にあたります。恋愛相談などを例にとるとわかりやすいかもしれません。誰と付き合いたい、別れたいなど、「迷っている」ために相談しながら、自分の心はこの時点でほぼ固まっています。最後のひと押しをもらうために相談するので、意に沿わないことをいわれてもなかなか従うことはありません。

つまり、「**論理的思考では行き着けない場所がある**」のです。そのことを理解しておかないと、落とし穴にはまることになります。なぜなら、革新的なものというのは、総じて論理的思考では行き着けないものだからです。

「世界を変えた新商品――電子レンジやビデオレコーダーやオールナイトのデリバリーサービスなど、革新といって然るべきものだ――を生み出した十六の企業を調査した人たちがいてね。彼らは『ブレイクスルー！』という本の中でこの革新のことを述べている。（中略）。十六の企業は、持つべき姿勢をしっかり育てて、それから画期的な成功を収めたんじゃない。画期的な成功を収めて、それから持つべき姿勢について、もっともらしい話をしたんだ」（『仕事は楽しいかね？』68頁）

　革新的な商品やサービスも、論理を積み重ねてたどり着くものではありません。それこそ「恋に落ちるように」降ってきた偶然をつかまえられるかどうかが一番鍵を握っているのです。

## ■成功を研究しても、成功は手に入らない

これは、個人的な仕事に関してもあてはまります。

人はしばしば、模範的な人や、過去の成功者の真似をしようとします。真似をすることが必ずしも悪いとはいいませんが、**彼らの真似をしても結局は同じような道をたどり、ほかのみんなと似たりよったりの考えに行き着こうとしている**にすぎません。

さらに悪いことに、彼らは往々にして自分の歩んできた道のりを整然と語り、それこそが成功への決まった道であるかのように思わせてしまいます。でも、成功への道は1つではありませんし、そもそも彼らの語る話が真実かどうかもわかりません。

『月と六ペンス』で有名なイギリスの作家、サマセット・モームは次のような言葉を残しています。「**小説を書くためのルールは3つある。残念ながら、どんなルールなのかは誰も知らない**」

成功者によるさまざまな言葉は、世の中にあふれています。何十、何百という書籍

が出ていますし、現代ならインターネットで少し検索すれば世界中の著名人の言葉を集めることもできるでしょう。しかし、何が自分にとって真実か——それは「試して」みないことにはわかりません。

「小説を研究しても小説家になれないように、成功を研究しても成功は手に入らない。みんな、成功した人の右に倣《なら》えをしようとするけれど、成功というのはね、右に倣えをしないっていうことなんだ」（『仕事は楽しいかね?』75頁）

人の真似をして、得られないものは「革新的な成功」だけではありません。

私たちが仕事に対して欲している一番のもの、それは成功と同時に「楽しさ」であるということを思い出してください。

**いろいろ試し、起きている偶然に気がつき、新しいことを始めること——そこで得られる楽しさは格別**なものです。

次章以降、主人公・奈津と一緒に見ていきましょう。

マックス・エルモアの言葉
Vol.7

「成功するというのは、
右に倣えをしないということ」

coffee break

# 売れたのは理想とは真逆のワイン

お酒にも、「偶然」にまつわるエピソードは数多くあります。シャンパンは、フランス・シャンパーニュ地方特産のスパークリングワインとして広く知られます。シャンパンの泡は、二次発酵によるものですが、かつてワインの泡は雑味として嫌われるものでした。

17世紀の修道士、ドン・ピエール・ペリニヨンがめざしたのは、常に泡のない白ワインを造ることでした。冷涼なシャンパーニュ地方では、秋に発酵が停止し、春に再発酵しやすい。そのため、白葡萄よりも再発酵が起こる確率の低い黒葡萄から白ワインを造る方法を考案しました。しかし、ピエールの理想とは逆に、失敗した「泡立つ白ワイン」が貴族たちの間で大流行。それを機にシャンパーニュ地方では、泡の立つ美味しいワインをつくるための試行錯誤が始まったのです。

この他にも、シャンパンの起源には諸説あるようですが、ワイン造りへのピエールの功績は広く知られており、高級シャンパン「ドンペリ」の名前の由来にもなっています。

［第4章］

# 「この場で」「ただちに」始める

おはよう ございます！
トポポポ…
私の働く「珈琲・雫」では 一杯ずつドリップして 淹れるコーヒーがウリのひとつ
おはよー 早速ブレンド2つ 任せるね
トポポポ…
いい雰囲気の喫茶店だ
君は 何を 試してきたのかね？
注意深く 目を凝らして…
そうね…

あの席 落ち着かないかも
目隠しに何か置けないかな
メニュー
コーヒー豆の産地を書いても
イメージわかない人が
多いかも
甘味
酸味
苦味
マメ知識
イラストでわかりやすく
面白く描けないかな
常連さんには
コーヒーカップを
選んでもらって
固定したらどうだろう
POINT CARD
name
一杯無料
ポイントカードに
似顔絵を
描いてあげたら
喜んでくれる人
いるかも
でもバイトの分際で
そんなことを提案しても
嫌がられるだけかな
奈津さんに
あの…
変な外国人が
来てますけど…

敵情視察にやってきたよ！
わざわざ来てくれたんですか！
いい雰囲気のお店ですね
こちらのお席へどうぞ
知り合い？
そのコーヒー淹れたらしばらく抜けてていいよお昼まで客も来ないだろうし
え でも…
気にしなくていいからゆっくりしてきて新しい常連さんになってもらえるようにね
フム
フム
Menu.

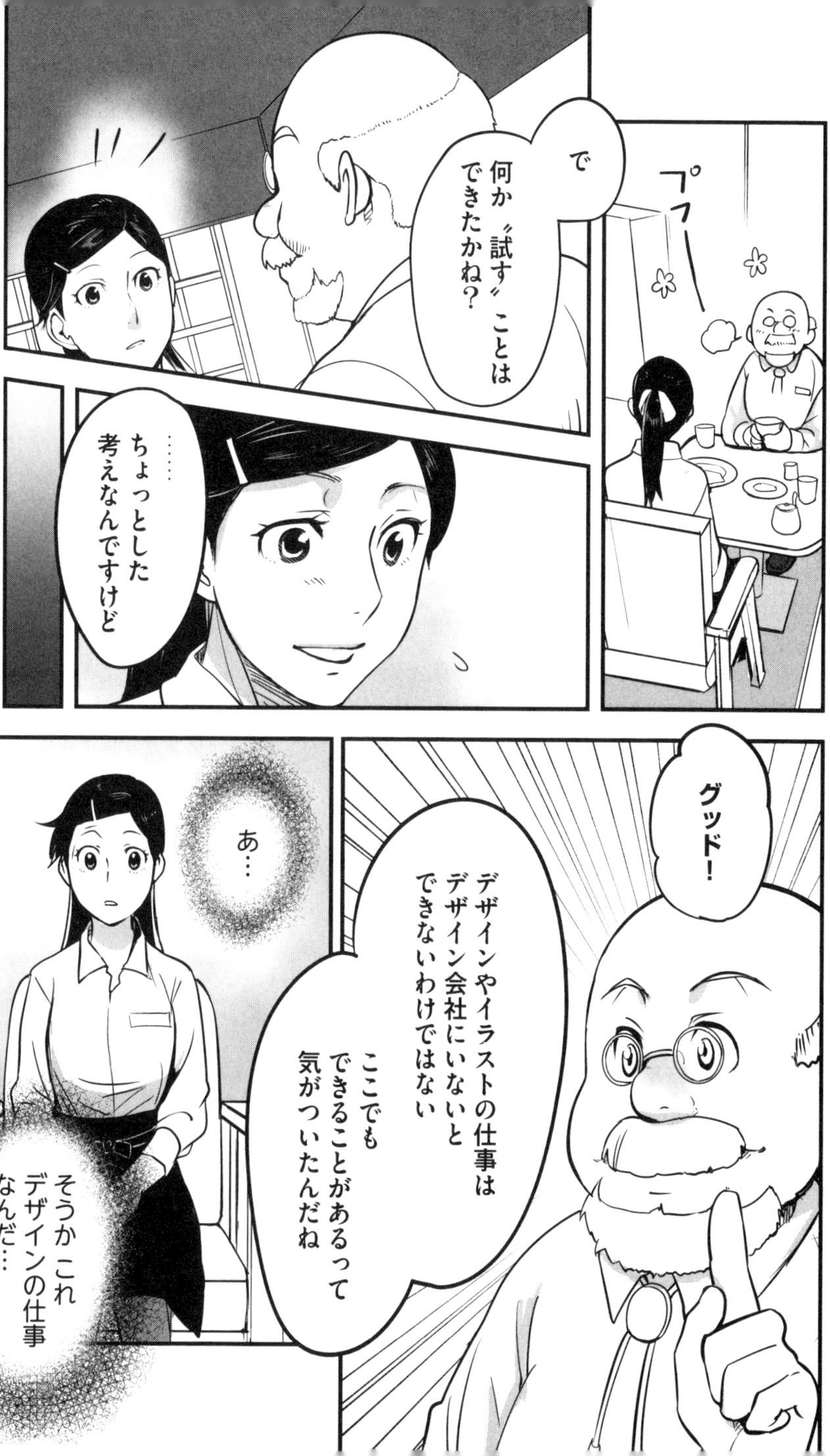
で
何か〝試す〟ことはできたかね？
プフー
……ちょっとした考えなんですけど
グッド！
デザインやイラストの仕事はデザイン会社にいないとできないわけではない
ここでもできることがあるって気がついたんだね
あ…
そうかこれデザインの仕事なんだ…

オーナーには話した？
いえまだです もう一度頭を整理して今度店長に相談して…
じゃあ いおう 店長サーン！
えええええっ
世の中はきみの目標が達成されるまでじーっと待っていたりはしないからね
さ 説明して！
ガタン
…ウアア すみません
ふむ…

マグカップと似顔絵か…面白いな…
エルモアさん？は今度五丁目にできる喫茶店のオーナーさんなんですね
オーナーのアドバイザーです
ウチも常連客をいかに増やすかが大命題でして
去年向かいにできたチェーンの安いカフェにだいぶお客さんをとられちゃったけど安さではかなわないし…
新しい常連さんファンを増やすしかないと思っているんだけど
…ためしにやってみようか？
ほんとですか！

今日 お店しめたら少し時間もらえるかな?
具体的に考えてみよう
はい!
まさかこんなトントン拍子で新しいことが始まりそうなんて…
もちろん運が良かったんだよ
新しい提案をしても一笑されて終わるほうが多いだろう
でも君が考えを変えてみなければ実際に口にしてみなければ何も始まらなかった
運そのものに出会うことはなかったんだよ

大事なのは目標ではない
でもね 僕が今までに掲げた大切な目標がひとつだけある
前にもいったね？
はい
〝明日は今日と違う自分になる〟だよ
人は『違うもの』になって初めて『より良く』なれる
毎日違う自分になることはものすごく大変なことだけれど
わくわくするし『活気に満ちた』方法でもあるんだ 人生は進化さ
そして進化の素晴らしいところは最終的にどこに行き着くかまったくわからないことなんだ

# 「変化に富んだ風景」に気づき「関係なさそうなもの」同士をつなげてみる

## ■同じように見えている風景は、実は変化に富んでいる

「仕事がつまらない」「毎日が単調に過ぎていく」――そんなふうに感じている人は、おそらく知らず知らずのうちに自分自身も進んで単調な行動をしているはずです。

でも、立ち止まり、あらためて自分の目に入る風景を注意深く見てください。

奈津の場合、お客さんの視点に立って見つめなおしたことで、「落ち着かない席」「わかりづらいメニュー」などに気づいたり、イラストという自分の特技を生かした新しいサービスなどに考えが及んでいます。同じことは、どのような職種・職場であってもいえる話です。

「単調な毎日」といっても、まったく同じ一日というものは存在しません。自分の体調や天気、社会情勢、同僚の服装、職場で交わされる会話、その日会うクライアント、前日の夜に見たテレビ――日々、さまざまな変化が自分や周囲に起きているはずです。**同じように見えている風景は、実は違うもので、単に自分が「同じように」見ているにすぎない**のです。

意識を変えて、注意深く周囲を見回してみてください。そして考えてみてください。

今まで見過ごしてきたことはありませんか？

昨日とは違う変化はありませんか？

**「偶然」はありとあらゆるところに転がっています**。「今」を見つめ、そこに気づくかどうかが鍵になります。

前章で、「カフェ・チェンジ」のオーナーであるマサルは、カップの底に日本酒が残っていることに気づかず、誤ってコーヒーを入れてしまったことで新メニューが生まれました。もし単に「まずい」と思い、捨ててしまえば、他と変わらない一日として流れていったことでしょう。しかし、そのことがきっかけで看板メニューが生まれ、人気商品になったとしたら、それはお店の転機ともいえるような一日となるはずです。周囲からは「運がよかった」といわれるかもしれません。でも運を引き寄せたのはマサルなのです。

## ■現在の仕事に活かせる可能性を探る

では、ありとあらゆるところで起きている「偶然」にどうしたら気づくことができるでしょうか。

ひとつには、**「一見、関係なさそうなこと」に目を向けることが大事**です。直接関係なさそうなもの同士を、関係するかもしれないと考えること――それが「気づき」につながります。

奈津は、かつて自分がめざしていたイラストレーターやデザイナーと、カフェの仕事とでは、まったく違う仕事をしていると考えていました。確かに、職種は全然違うものでしょう。しかし、そこで「関係ない」と考えてしまったら、いくつもの気づきを見逃してしまうことになります。

奈津の特技である「イラストを描く能力」を、カフェで活かせる場所はないでしょうか？

もちろんあります。カフェだけでなく、どんな職場にもあるはずです。奈津の場合、一見デザインとは関係ない職種に就きながら、実は店舗全体のトータルデザインにかかわれる可能性があります。

皆さんも、自分の特技や好きなこと、詳しい知識など、現在の仕事に活かせる可能性がないか考えてみてください。あるいは、周囲の人やクライアントに話してみることで、「偶然」相手も同じ趣味や興味を持っていたら、思わぬ仕事につながることだってあります。繰り返しますが、「偶然」はありとあらゆるところに転がっているのです。

# 「この場で」「ただちに」始める
# 恐れずに何度でも試す

## ■「適切な時」とはいつなのか？

新しい「偶然」への「気づき」には、もうひとつ忘れてはいけないことがあります。

それは、頭のなかで考えているだけでは意味がないということです。

マックス・エルモアは「**世の中は、きみの目標が達成されるまで、じーっと待っていたりはしない**」と奈津に告げます。これは、2章で紹介した「今日の目標は明日のマンネリ」とも通じます。

先に述べたように、自分も周囲も、常に変化しています。ビジネスでいえば、テクノロジーも競争相手もどんどん変わっていきます。せっかくの「気づき」が、再び自分を目標の奴隷にする材料になっては意味がありません。

目標というものは、ある意味変化を無視することで成り立っています。そのため、「計画どおりにはいかない」のです。新しい気づきがあれば、すぐに行動に移すことが重要です。

ここで、マックス・エルモアの次の言葉に耳を傾けてみてください。


「それから彼は、他人を凌ぐ人物になるための二つのルールを示してくれた。

一つは、〝適切な時〟とか〝完璧な機会〟なんてものはないということ。

これは〈この場で〉〈ただちに〉始めるということだ。

もう一つは、パッと浮かぶ考えはたいてい使い古されたものだし、パッと浮かんだわけではない考えの多くもやっぱり使い古されたものだということ。とどのつまりはこういうことだ、〈一か八かの賭けをしないなら、チャンスなど一つもない〉」（『仕事は楽しいかね？』84頁）

物事を実行に移すときに、「適切な時を待つ」ということがしばしばいわれます。

それは一見、正しく聞こえます。

では、「適切な時」とはいつなのでしょう?

それを正確に知ることができるのであれば、正しい言葉かもしれません。しかし、実際には物事は常に変化しており、未来は誰にも予測できません。しかも、**適切な時を「待つ」場合、人は臆病になりやすく、「やらない要因」「できない要因」を無意識に探してしまいがちです**。つまり、マイナス方向に「認知バイアス」がかかりやすくなるのです。そして時間が経てば経つほど、他の人に先を越される可能性は高くなるでしょう。


「賞金の額の大きいゲームをしたいね。くじを買うのにそれほどお金がかからなくて、何度でも賭けられて、勝ち続けられるゲームを」（『仕事は楽しいかね?』83頁）

マックス・エルモアの言葉

Vol.8

# 「世の中は、きみの目標が達成されるまでじーっと待っていたりはしない」

実際のギャンブルでは、リスクを伴います。

でも、仕事で新しいことを「試す」ことに、いったいどれほどのリスクがあるでしょうか？

もちろん、新商品開発のために大金を投じるとなれば、リスクは生じます。でも、少なくとも社員レベルで新しいアイデアを会社に進言することのリスクなど、ないに等しいものです。そのような一歩さえ踏み出せないようでは、単調な毎日から逃れることはできません。「この場で」「ただちに」始めることが大事なのです。

試してみても、すべてがうまくいくわけではありません。もちろん、失敗することは何度でもあるでしょう。しかし、**何かを試してみる限り、試す前と同じ場所に戻ることは絶対にない**のです。試す過程で、必ず何かを学ぶのですから。仮に新しいアイデアに対して「学ぶべきことが何もなかった」と思った場合には、その前にしていたことに高い価値があったと学ぶことができます。

だから「試してみることに失敗はない」のです。

## ■「ホーソーン効果」とは？

ここで、「ホーソーン効果」について説明しておきましょう。

大学で社会学や心理学の授業を専攻していた人なら、おそらくご存知だと思いますが、ホーソーンという名は、かつて産業上のリサーチが行われた工場に由来します。

リサーチの目的は、工場の生産高は、どんな変化が原因で増減するのかを突き止めることでした。しかし、リサーチした人々が驚いたのは、**変化するものが何であれ、生産高が増した**ことです。

ホーソーン工場は、シカゴにある電話機を製造する大工場でした。実験が始まったのは、1924年のこと。そもそもの目的は、照明が労働者の生産性にどう影響を及ぼすかを調べることで、結果は「明かりが多くなればなるほど業績はよくなる」というものでした。

ところが、そのあとで驚くべきことがわかりました。**照明をもとの明るさに戻しても、生産性が落ちなかった**のです。

リサーチしていた人は理由がわからず、労働者を実験グループと非実験グループに分け、もう一度実験をしました。実験グループのほうの照明は、明るさを三段階で切り替え、非実験グループのほうはずっと同じ明るさにしておきました。

すると、どちらのグループも生産性が飛躍的に伸びたのです。

すっかり困惑した彼らは、次の実験として、仕事場の照明を「どんどん暗く」していきました。しかし、**照明が暗くなるにつれて、生産性が上がっていく**――。ついには暗くなりすぎて、「作業場がこんなに暗くては手元がぼんやりとしか見えない」と労働者からクレームが出始めました。そのとき初めて、生産性が落ちました。

リサーチをしていた人たちは、さらに実験を重ねました。今度は照明ではなく、仕事中の中休み（コーヒーブレイク）の影響についてです。

志願者を5人だけ募り、隔離した部屋に入ってもらいました。このリサーチは、現在の基準からするといい加減なもので、条件は一つではなく、部屋の大きさや照明、仕事台など、ありとあらゆる条件が変えられています。

それはともかく、志願者たち（全員女性でした）は、元々の100人という大きなグループから5人だけのグループとなり、出来高に応じて賃金が支払われることになりました。それからおしゃべりなど、いくつかの規則がゆるめられました。そして何よりも、経営陣の注目を浴びることになったのです。

この新しい環境のもと、休憩の長さをさまざまに変える実験が行われました。

結果は、**休憩時間の長短にかかわらず、生産性が30%上がりました。**特に驚いたのは、休憩

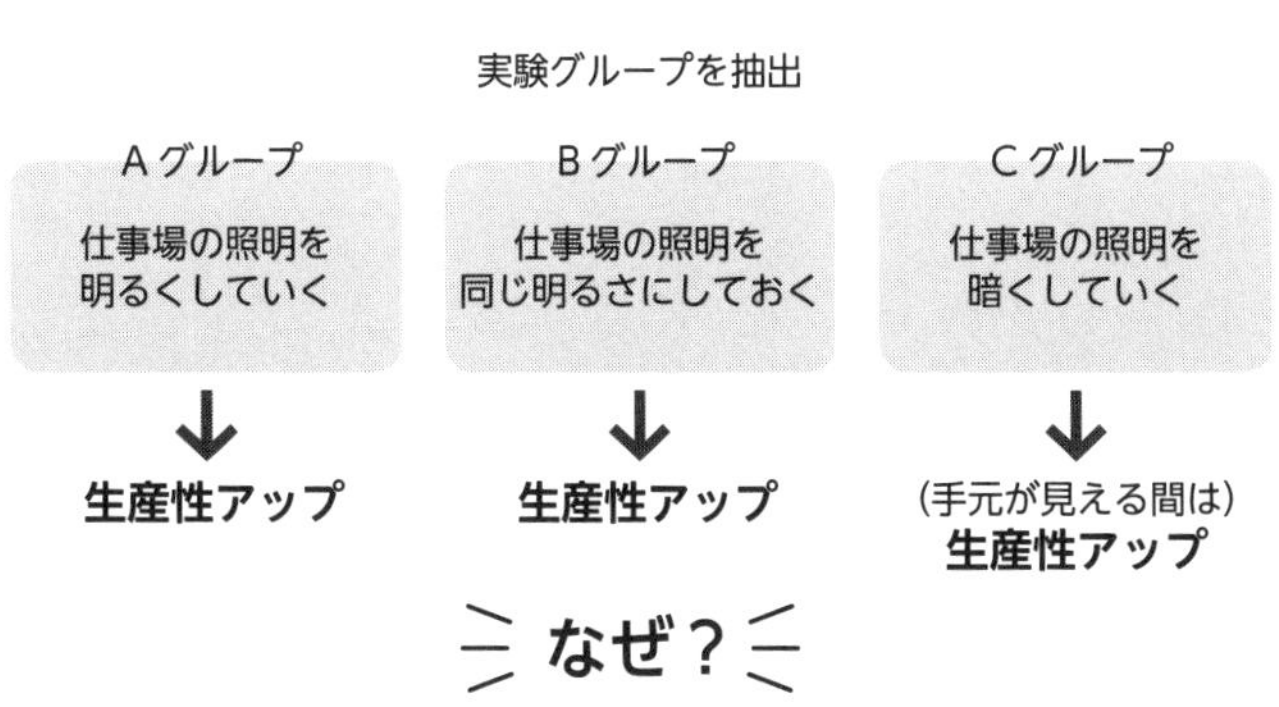
実験グループを抽出
Aグループ
仕事場の照明を明るくしていく
生産性アップ
Bグループ
仕事場の照明を同じ明るさにしておく
生産性アップ
Cグループ
仕事場の照明を暗くしていく
(手元が見える間は)生産性アップ
なぜ？

図　ホーソーン工場の照明実験

時間が元の長さ——つまりゼロになっても高い数値を示したことです。

研究リポートを書いた人たちによると、賃金の違いはたかが知れていて、生産性が上がった理由としてはせいぜい半分にしかならないとしています。では、あとの半分は何でしょう?

リポートは次のような言葉で結ばれています。

『志願者たちからは不信感や不安、つまり〝権力への恐れ〟といわれるものがほとんどなくなった。彼女たちは以前よりも楽しそうにおしゃべりをし、自分たちのことを会社の役員や観察している我々にいろいろ話してくれるようになった。

仕事に対する意欲も高まった。彼女たちの間には個人的な関係が新たに生まれ、友情という強い絆にまで発展している。互いの家を訪問し合ったり、一緒にパーティーやダンスや劇場に出かけたり……。仕事においては、自分の生産性が上がったために、友達に十分ではないかもしれないが休憩してもらえるようになったと、五人が口をそろえて言うようになった』

## ■「ホーソーン効果」から得られる本当の教訓

ホーソーン効果は、被験者の意識のあり方によって正しいリサーチができなくなる例として取り上げられることが多い現象です。「ホーソーンでの実験はいい加減なリサーチだし、失敗に終わった実験」であると。しかし、それは事実を誤って認識し、間違った教訓を学んでしまっているといわざるをえません。マックス・エルモアは、次のように述べています。

「あの実験で学ぶべき大切なことは、『試してみることに失敗はない』ということなんだ。ホーソーンの実験からわかることを全部拾ってみよう。

①人は試すことが大好き。みんな自分から進んで実験に参加するんだから！

②人はチームのかなめになりたがり、そして〝実験〟グループはエリートのチームだ。自分はチームのかなめだと信じ込むと、人々は互いに協力し合うようになり、そ

のために監督者の仕事までどんどん自分たちでこなすようになる。
③現代においてリサーチする人たちは、〝完璧〟なリサーチのやり方を求め続けている。そのために視野がどんどん狭くなり、ついには何も見えなくなってしまっている。彼らはものごとの相乗作用について見過ごしてしまっているんだ。一つの小さな変化のなかにこそ隠れていても何も起こりはしない。だけどその何もない状態を一気に変えたら、何かすごいものが手に入る——ホーソーンの場合だと、生産性が30％あがったね」（『仕事は楽しいかね？』97頁）

いかがでしょうか？

試してみることで、いろいろな風景が変わります。

マックス・エルモアが、「**人は『違うもの』になって初めて『より良く』なれる**」というように、現在と比べて「より良く」なるには、「変わる」しかありません。**「変わる」には、何度でも「試す」しかありません**。そして「試す」ことが当たり前になったとき、おそらく皆さんも「単調な毎日」から離れた場所にいるはずです。

マックス・エルモアの言葉

Vol.9

人は「違うもの」になって
初めて「より良く」なれる

*coffee break*

# 失敗作から生まれた付箋紙

1968年、3M（スリーエム）社の研究者であるスペンサー・シルバーは、強力な接着剤の開発に取り組んでいました。ところが、できたものは期待していたのとは違う「よくつくけれど、簡単にはがれてしまう」接着剤。明らかに失敗作で、通常ならこうした失敗作は棄てられてしまいますが、なぜかシルバーはそうせず、会社中の人に紹介してまわりました。

時は経過して1974年のこと。同僚のアーサー・フライが教会で賛美歌を歌いながら歌集のページをめくると、目印に挟んでいたしおりが落ちました。まさか…と思った瞬間、思い出したのがシルバーに紹介された奇妙な接着剤。これが、今では誰もが知る付箋紙「ポスト・イット」の誕生につながりました。

シルバーが失敗作を棄ててしまったら、社内に宣伝してまわらなかったら、フライが思い出さなかったら……決して生まれることのなかった商品なのです。

［第５章］

# 問題と「仲良く」なる

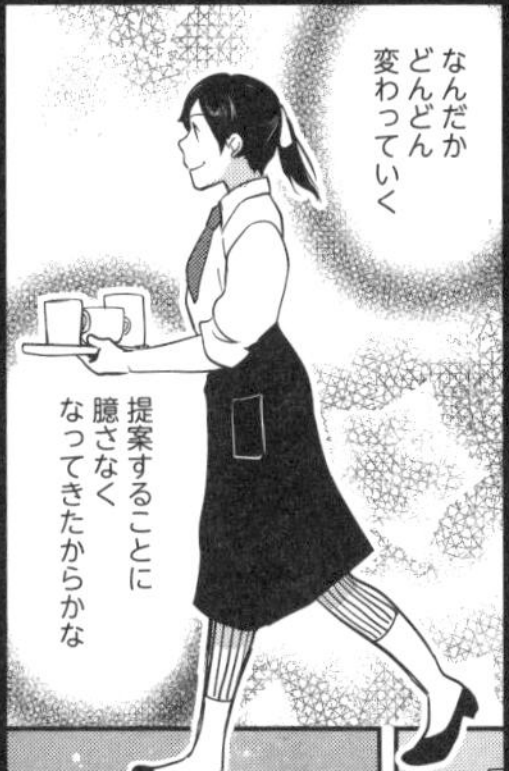
なんだか
どんどん
変わっていく
提案することに
臆さなく
なってきたからかな

パシャ
次いらっしゃったときに描いたものをお渡しいたしますね
わー楽しみ！
あれ何かのサービス？
メンバーズカードに似顔絵描いてもらえるんだよ
割引もつくしポイント貯まってお得意様になると『マイカップ』を店に置いてもらえる
ドヤ
ちなみに俺も…
あだからお前お高めなデザインのカップで飲んでるのか
キュッ キュッ
奈津ちゃんがこんなにイラストが上手とは思わなかったよ

小さいから ごまかしが 効くんですよ
いやいや たいしたもんだ なにより お客様も喜んでる
サービスの反応は 上々だ
あの…マイカップ制度が あるんなら 私自分でつくったカップ もってきてもいいですか？
店長ー
あこの方 常連の上杉さん…
いいですよ
か…かわいい…
え 何これ 手づくりですか？
趣味で 陶芸を…
テレ
……
ピン
ニヤ
店長…
はーい

へー…オリジナルのコーヒーカップもマイカップに選べるんだ…
かわいいい!
マイカップ制
ント100個貯まると
にしかない一品手作りカップ
販売もしています
なんだかどんどん変わっていく
提案することに臆さなくなってきたからかな
そして数か月後…
マックスが久しぶりに来日してるんだ
うちの店でパーティ開くからそちらの店員さんも招待したい
ためしてみることにしっぱいはない
わー
おおー…

なるほどなぁ
これが夜のコーヒーかおいしい…
ウチとは違うけどこういうカフェもいいなあ…
でしょ！マサルさんが創ったのよ
ありがとうございます
ムッ
新しいサービスはうまくいっているようだね
おもしろがって来てくれる人が増えましたよ
グッド！
できることはどんどん変えてごらんみんながわかるくらい好奇心を旺盛にすることだ
実験好きな人と評判になったら周りの方からアイデアを持ってくる
こちらも好調のようだよテレビにとりあげられてからマサルもてんてこ舞いさ
ははは
あーあ俺も実家の土地が都内にあったらカフェ開いたのにな

新作です
なるほど
それは違うよ
ズイ
『みんな』そう言うんだ
『ほかの人』には簡単なことだって
まず第一に『ほかの人』には時間がある
それから『ほかの人』にはお金もある
もちろん『ほかの人』にはコネもあるってね
僕は何年か前に3M（スリーエム）の本社に行ったことがある
ポスト・イットの会社だ
ああ…付箋のことか

ポスト・イットが生まれた経緯も面白いけどそれと同じような開発秘話はないかどうか聞いてみたんだ
あるとき女性科学者がある液体をこぼして履いていたテニスシューズにかけてしまった
しばらくして彼女はテニスシューズのところどころがちっとも汚れていないことに気がついた
それから生まれた商品がスコッチガード
…汚れや水をはじくスプレーの
でもあの会社は大手で研究に莫大な金を費やしてるでしょそれこそコネもお金もある
そうだね3Mが研究に費やしているお金は年に十億くらいだそうだ
だけどね 新製品はちょっとした偶然から生まれる

インタビューで女性重役の彼女はこう答えた
製品開発の話を集めるとみんな気恥ずかしいような思いになりました
そういうちょっとしたことから開発につながったものも多く　なんだかすごく自分たちが間抜けのような気がして…
でもこれこそが3Mが十億ドルと引き換えに得ているものなんだ
心を開いてる大勢の社員がまぐれあたりのような優れたアイデアに巡り合うのを待っているのさ
気にかけなくちゃいけないのは気恥ずかしい思いをすることじゃない
すばらしいチャンスを見逃さないことだよ

僕たちはね
失敗するのを
怖がりすぎて
それが宇宙からの贈り物
だってことに
気づこうとしないんだ
誰だって
後からだったら
なんだっていえる
革新というのは
簡単そうに見えるものなんだ
後から見ればね
君の目の前にも
おそらく何十もの
素晴らしいアイデアが訪れ
君はそのまま目の前を
通り過ぎさせて
しまっていると思うよ
もっとも君が不満に思い
本当に恥ずかしいと
思っているのは
奈津さんのことについて
だろうけどね？
ガタッ
わたし？
奈津
新しいことは
試したかね？

新しいこと?
えぇ?
おいおい まさかもう終わったわけじゃないだろう?
『明日は今日と違う自分になる』だよ
本当の達成というのは『あるべき状態より良くあること』なんだ
何か
うーん
そうだね 折角2つのカフェのスタッフが集まったんだし
カフェを姉妹カフェにする案はどう?
姉妹カフェ?
可能なら提携を結びたいスタッフを定期的にチェンジする

なにもそんなに
難しい話じゃない
まず
このタブレット入りの
テーブルをそちらにも
いくつか持っていき
2つのカフェをつなぐ
スタッフはシフトで
2店舗に入ってもらう
それぞれの店舗の特徴は
もちろん残したまま
営業時間も朝昼重視と
夜重視でちょうど
異なるしね
どう？
そう聞くとあんまり
変わらないような気も…
人が変われば
気づくことも変わるよ
新しい偶然を
呼び込むことができる
『試して』みよう

# 「負のスパイラル」から「正のスパイラル」へと転換していく

## ■「宇宙からの贈り物」に気がつくこと

「試すこと」を続けると、いろいろなことが変化していきます。

自身はもちろん、周囲も変化していき、プラスの流れが生まれていきます。

奈津が「なんだかどんどん変わっていく。提案することに臆さなくなってきたからかな」と呟いていますが、**「試すこと」は繰り返すたびに「不安」よりも「楽しみ」のほうが大きくなっていきます**。負のスパイラルから正のスパイラルに転換していくのです。

そうしたなかで、素晴らしいアイデアに出会う機会は増えていきます。

「もし宇宙が信じられないような素晴らしいアイデアをくれるとして、きみはそれにふさわしいかね？」（『仕事は楽しいかね？』116頁）

マックス・エルモアはそう問いかけます。

**どんなに素晴らしいアイデアに遭遇しても、目の前をすーっと通り過ぎさせてしまったらそれでおしまい**です。コカ・コーラも、リーバイスのジーンズも、柿の種も、決して生まれることはなかったでしょう。あるいは、後年に別の人が同じようなアイデアに気づくまで長い時間を待つことになったはずです。

「僕たちはね、失敗するのを怖がりすぎて、それが宇宙からの贈り物だって気づこうとしないんだ」（『仕事は楽しいかね？』118頁）

これまでの章でも述べてきたように、いろいろなことを試すことで「偶然＝素晴らしいアイデア」に遭遇する機会が増えます。そのアイデアを「宇宙からの贈り物」ととらえてつかまえるか、さして気にもとめずに目の前をすーっと通り過ぎさせてしまうかによって、その後の人生は大きく変わってしまうことでしょう。

## ■○○がないから成功できない？

「試さない」多くの人は、成功者に向かってこういいます。

「自分には○○がないからできなかったけれど『ほかの人』には簡単なことだ」と。

そういう人は、「『ほかの人』には時間があり、『ほかの人』にはお金もあり、『ほかの人』にはコネもある」と思っているのです。

でも、それは違います。


**革新というものは、後から見れば簡単そうに見える**ものなのです。

マックス・エルモアの言葉

Vol.11

「革新というのは簡単そうに見えるものなんだ、後から見ればね」

ここで、サンフランシスコで実際にあった紳士服店の話を紹介しましょう。

そのお店の経営状態は、ひどいものでした。ほとんど赤字になるくらいに傾いており、オーナーは店をたたもうと考え始めていました。しかし、とりあえず中小企業専門のコンサルタントをしているデイヴィッド・ウィングに相談してみたのです。

店のオーナーの希望は、お金をかけずに巻き返しをはかること。ウィングは、店に入ってしばらく中を見た後、次のことをするように助言しました。

一　店の中にあるあらゆる商品を並べ替えること
二　開店時間を十時から七時半に変えること
三　熱帯魚の入った大きな水槽を買うこと

皆さんは、これを聞いてどう思うでしょうか？

ウィングがこのようなアドバイスをしたのには、もちろん理由がありました。

まず、店の前は人通りがものすごく多く、店の中に大きな水槽があれば歩きながらきっとみんな目をとめるだろうと考えました。なぜ水槽かといえば、「水槽を置いている紳士服の店なんて、見たことがない」からです。

つまり、**ほかと違う店になるためだけに、そういう変わったことをした**のです。これにより、店員たちも創造的になり、たとえば水槽にはしごをもたせかけて、その上にマネキンを置く――するとマネキンが魚を食べているように見えるのです――そんなアイデアも生まれました。

また、すべての商品を並べ替えるというアイデアは、お金をかけずに店内を全然違ったように見せるためでした。まったく同じ商品でも、いったん取り払って違う場所に置き直すことで、客には新しい商品が入ったように見えるのです。

最後に、店を早く開けるというアイデアは、出勤途中のビジネスマンがその日の重要な会議のためのネクタイや、厚手のコートや傘が急に必要になる場合を狙ったものでした。

以上、3つのアイデアを実践した結果、売上はたちまち30％伸び、素晴らしい利益をあげるようになったのです。

## ■「いろいろなこと」を「いっぺん」に変える

この紳士服店の例で、オーナーはウィングに相談するまで工夫すべきことなどほとんどないと思っていました。価格を大幅に下げたり、大々的に宣伝をしたり、店を改装する余裕なんてなかったからです。

でも、変えられることは他にもたくさんあり、しかもいっぺんに変えられることに気がついたのです。

「営業時間を長くすることで、売上が5%伸びた。商品の陳列を変えたり水槽を置くことでも、やっぱり5%伸びた。だけどそれだけじゃない。3つを同時にやったことで、客として来てくれそうな人たちにホーソーン効果がもたらされた――客は店で何か起きてるぞと気づいて、確かめたくなったんだ。

それに、店員たちもホーソーン効果を実感したはずだ。自分たちは実験の重要な要素なんだ、とね。それはやる気を高めることにつながったし、その結果として顧客に対するサービスの質もよくなった」（『仕事は楽しいかね？』128頁）

いかがでしょうか？

4章で紹介したホーソーン効果を思い出してみてください。「何をするか」を考えるよりも、「何かをする」ことの重要性を。そして**いろいろなことを同時にすることで「相乗効果」が生まれる**のです。

行列のできる店にさらに客が集まるように、大きな変化は客の目にもとまります。そして客がたくさん集まれば店員のやりがいも高まり、さらに利益もサービスも向上していく——本章の冒頭で述べたような、正のスパイラルがここでも生まれていくのです。

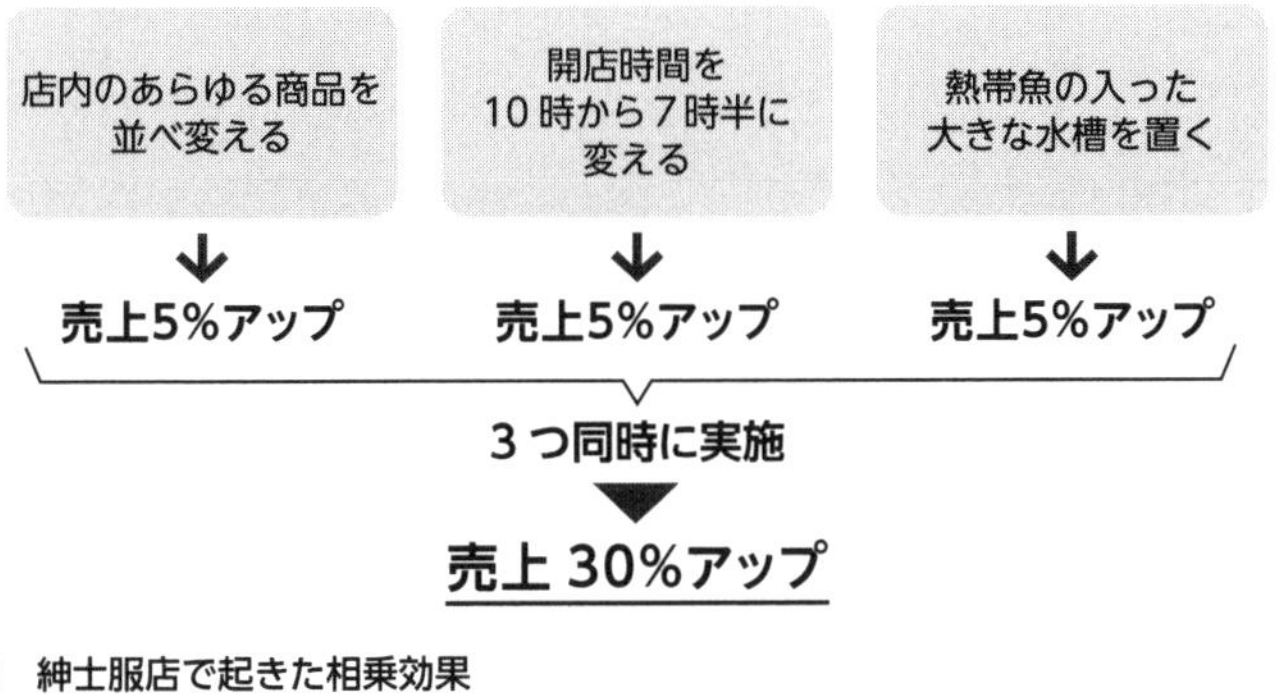
店内のあらゆる商品を並べ変える
開店時間を10時から7時半に変える
熱帯魚の入った大きな水槽を置く
売上5%アップ
売上5%アップ
売上5%アップ
3つ同時に実施
売上 30%アップ

図　紳士服店で起きた相乗効果

## 論理立てて考えても解決はできない 勇気を出して問題と向き合い「仲良く」なる

### ■「背面跳び」はなぜ生まれたのか？

素晴らしいアイデアに出会うには、「問題」に向き合うことも一つの方法です。

皆さん、よく「一つの問題は一つのチャンスだ」といいます。このとき、大抵は問題に真正面から取り組んで、「解決」したり、「克服」したりすることによりチャンスが訪れると考えられますが、**問題は必ずしも解決する必要はありません。問題と「仲良く」なればいい**のです。

ここで、メキシコオリンピックの男子走り高跳びで金メダルを獲得したディック・

スベリー選手のことを紹介しましょう。

フォスベリーは、現在ではもっともポピュラーな跳躍法である「背面跳び」を生み出した選手です。彼はなぜ後ろ向きにバーを跳ぼうと思ったのでしょうか?

中学生のときは、ほぼ立った姿勢のままバーを飛び越える「はさみ跳び」をしていました。しかし大学に入ると、コーチに「回転」をかけるように指導されます。これは当時主流になっていた「ベリーロール」という跳躍法で、体は下向きでひざと肩がまずバーを越えることになります。しかしコーチは、フォスベリーが垂直跳びがあまり得意ではないことを知ると、じきに彼への興味をなくしてしまいました。

するとフォスベリーは、昔やっていたはさみ跳びに戻り、試行錯誤を始めたのです。結果、はさみ跳びで失敗するのは、お尻がバーにあたってしまうからだと気がつきました。そこで彼は、跳ぶときにお尻を持ち上げるようにしてみましたが、そのために体を後ろに傾けることになる——やがて、あまりに後ろへ体を倒すためにはさみ跳びをしなくなっていました。つまりこの時点で、すでに独自の跳躍スタイルをつくりだしていたのです。

フォスベリーは、跳躍に長けているわけではありませんでした。ただ、体のどの部分がバーにあたるのかという**問題と向き合い、さまざまなことを試しただけで、「背面跳び」を生み出しました。**本人いわく「新しいスタイルを編み出そうなんて、考えもしていなかった」のです。

## ■人気の「トーク・ショー」が生まれた理由

もうひとつ、例を紹介しましょう。1950年代よりアメリカの有名なメディア・パーソナリティーとして活躍したスティーヴ・アレンの話です。

アレンは昔、ラジオでレコードをかけたり、コメディをしたりの30分番組を担当していました。放送中、彼が面白いことを話すと、笑い声が一緒に流れてきます。実はラジオ局のスタッフが笑っていたのですが、リスナーはスタジオに観客がいると思い込んでいました。そのため、リスナーから「自分もぜひ番組に参加したい」とお願いされるようになり、アレンも頼まれれば喜んで迎えたので、いつしか番組には大勢の人が見物するようになりました。

この非公式の観客のおかげで、ラジオ局はアレンの番組をもっと大きなスタジオに移し、放送時間も55分に拡大しました。しかし、ギャラは上がらない。アレンは、延長した分の台本を用意しようとせず、代わりにゲストとして招いた歌手やミュージシャンにいろんな質問をして、その時間を埋めるようにしました。

ところがある晩、予定していたゲストのドリス・デイが姿を見せませんでした。そのため、空いてしまう時間を埋めるために、観客と話をすることを提案したのです。

アレンは大きなフロア・マイクを観客のほうへ引きずっていき、話を始めました。すると今まで以上に自分の話がうけるようになったことに気がつきます。そこで、彼は番組に観客へのインタビュー・コーナーを新しく設けたのです。その番組は大変な人気を博しました。

アレンにとっては、**問題が次から次へと起こったおかげで——視聴者が番組を見に来ても観客用のスペースがなかったり、放送時間が長くなってもギャラが上がらなかったり、ゲストのドリス・デイが現れなかったり——今では「トーク・ショー」と**

**して定着した形式の番組をつくり出したのです**。

いかがでしょうか？　アレンは何一つ、創り出そうとしたわけではなく、問題の分析にすら取り組んでいません。**ただ問題が導くままに行動していただけ**なのです。

論理立てて考えても、問題を解決できるとは限りません。解決策というものは、後から振り返ってみれば簡単に見つけられそうに思えますが、多くの場合は違います。事前に論理立ててその通りに解決していくことなどできないのです。**勇気を出して問題と向き合い、仲良くなる――その先にこそ成功が待っている**のです。

本章の最後に、マックス・エルモアの次の言葉を紹介したいと思います。

「彼らはみんな、目標設定者でも計画立案者でも〈なかった〉。彼らは冒険者だったんだ。（中略）。困難というのは、一つひとつが実地演習を始める合図だ。試すことは、一つひとつが世の中への問いかけだ。答えというのは、一つひとつが旅だ。旅程の計画は人生に任せておけばいい。きみの仕事は、光を集めることとカメラを持っていくことなんだから」（『仕事は楽しいかね？』149頁）

マックス・エルモアの言葉
Vol.12

「彼らはみんな、目標設定者でも
計画立案者でもなかった
彼らは冒険者だったんだ」

とりあえず
髪を切った
どんな髪型に
しようかな

［エピローグ］●

# 新しい自分に

いらっしゃいませー
2店舗は スタッフを共有し 姉妹カフェに なりました
徒歩15分程度の 距離なので 1日に2店舗を 行き来することも可能です
そしてスタッフの行き来は マックスのいうとおり 新しい偶然を呼び込みました
CAFE CHANGE
常連客の一部も 2店舗を行き来するようになり それぞれ顔を合わすことのなかった 常連客同士の交流が 生まれるようになりました
それをきっかけに タブレットテーブルが 2店舗の客同士の 交流ツールとして 成長していきました

オーナー
ん？
本棚
復活させませんか
本？
でもこのカフェ
本を読むにはちょっと
暗くない？
タブレット上にです
本棚
それで本を書くのは
お客様
なんでもいいんです
コーヒーの感想でも
スタッフの悪口でも
ただしその本は
2つのカフェの
お客様なら誰でも
閲覧できる
何か書きたい
でも誰も彼もに
見られたいわけではない
でも友達だけも
つまらない
大声で叫びたい
気持ちは
風景に流して
ちょっと留めて
おきたい気持ちは
本にして
タブレットに
置いていきませんか？
せっかくここ
元古本屋なんですから

うん…
そうだな
確かに本棚から突然本が消えてしまったのは寂しかった
今度はお客さんの本でこのカフェを埋めていこう
最初はなかなかマイブックを利用してくれる人はいませんでしたがスタッフもつくり始めてから少しずつ…それから急に利用者が増え始めました
MY BOOK
書かれていることも千差万別で…
おいおい 書き込めるのは店にいる間だけなのに平松さん小説書き始めちゃったよ
バースデー用のスペシャル背景がほしいって
じゃあ増やしてみるか
マイブックは新しいサービスにもつながりました

マイブックの
表紙のアイコン
かわいいし超似てる
おかげでお気に入りで見ている本の人を
この前もう一個のカフェで見かけて
声をかけてしまったよ
……ふふ
毎日
変わっていきます
マックスが再び来日したのは
2店舗が姉妹カフェになってから
半年後のことでした
フム
自宅でカフェの味
オリジナルブレンド
コーヒー豆は
いかがですか？
ゴクリ
フム
フム
グッド！
Tryしてるね

ワッ
実はこれでしばらくは来日できなさそうなんだ
今度は西海岸で面白い青年をみつけてね
また新しいことを始めるんですね
イエス！
寂しくなります
ナツ
君は〝試すこと〟に喜びを見いだしてるかい？

はい
日々新しく
グッド!
そうそう
僕のいったことは
何も仕事だけに
あてはまる話じゃ
ないんだよ
素晴らしい私生活も
目の前をすーっと
通り過ぎ
させないようにね
何の話ですか?

マサル いいたいことが あるんじゃ なかったのか?
はいっ
あっ何 告白しようと してんすか!
送信の 邪魔をするな
ずっと一緒に 勤めてたのに チャンスを 見過ごしてきた のが悪い!
?
オーナーは 後からじゃ ないすか!
ヒラ
ヒラ
あっ
は奈津さんが好きです
つきあってください
ギャーギャー
シーユー!

はいまた
新しい自分に…

## 「問題」も「失敗」もとらえ方しだい
## 「試すこと」自体に喜びを見いだす

### ■「新しいアイデア」を生み出すもの

奈津のいるカフェを、最初と最後で比べてみてください。当初はなかったさまざまな新しいサービスが始まり、スタッフが交差し、お客さんが反応し、活気に満ち溢れたカフェへと変化しています。**「相乗効果」が生まれ、「変化」が「新しい変化」を呼びこむ正のスパイラルを生み出しています**。

4章で、「一見、関係なさそうなもの同士をつなげる」ことの重要性を書きましたが、それは新しいアイデアを生み出すテクニックでもあります。たとえば19世紀後半、世の中に「ズボン」はある、テントや船の帆に使われる「丈夫な布」はある、でも帆布を使った「丈夫なズボン」はなかったように。最近では、「スマートフォンで○○もできる」といったサービスが増えていますが、「今までにないもの」というものは、今までにあったもの同士を組み合わせて生まれるケースがほとんどです。

「新しいアイデアというのは、新しい場所に置かれた古いアイデアなんだ」（『仕事は楽しいかね？』157頁）

意外なものを組み合わせるほど、革新的な商品が生まれやすくなります。「商品」は別の言葉でも置き換えられ、「仕事の仕方」でも一緒です。

例えば何かの報告書を書く仕事を考えるときに、今までパソコンで入力していたのを、あえて手書きにしてみたり、重要なところを音声で録音してみたらどうなるか。報告書に書くデータも、他社、それも全然違う業種の人たちや外国の企業はどうしているか。提出日時と一緒に、その日の天候や服装なども書き加えてみたらどうか——

なんでも構わないのですが、拝借できそうなアイデアをあちこちから探し、組み合わせてみる。そうした**アイデアを「結びつけ直す」という作業はとても楽しい**ものです。

マックス・エルモアは、アイデアを生み出す方法として、3つのリストをつくるようにいっています。

**①問題点を書き出す**…思いつく限り書いてみてください。5章で述べたように、問題と「仲良く」なることで問題は問題でなくなります。

**②仕事上でやったミスを全部書き出す**…恥だと思ったり、怒りを覚えたりすることなく、時間をおいてしっかり取り組むことが大事です。

**③仕事に関してやっているすべてのことをリストアップする**…リストは、できるだけ細かく書くことを心がけます。「報告書を書く」であれば、「いつ書くのか」「どこで情報を手に入れるのか」「どんなふうにその情報を分類するのか」など、報告書を書き上げるまでのすべてのステップを箇条書きで構わないので書き出します。一度書いたら同じものは決して書かず、常にリストを変化させることが大切です。

マックス・エルモアの言葉
Vol.13

「新しいアイデアというのは
新しい場所に置かれた
古いアイデアなんだ」

「問題の中を深く突き進んでごらん、そうすると反対側に、つまり〝問題にあらず《アンチ・プロブレム》〟に出る。冷静に見てみるとね、過ちは単なる一つの問題なんだ。失敗も同じこと。単なる大きな問題にすぎない。失敗の中を深く突き進むと、反対側に出るよ。〝失敗にあらず《アンチ・ミステイク》〟にね」（『仕事は楽しいかね？』167頁）

本書で伝えたいことは、結局のところひとつしかありません。

それは、恐れずに「**試して**」ほしいということ。その先に、きっと仕事を「**楽しい**」と思える毎日が待っているはずです。

最後になりましたが、皆さんが〝**試すこと**〟に喜びを見いだしてくれることを、心から願っています。

原作者紹介

## デイル・ドーテン（Dale Dauten）

1950年生まれ。アリゾナ州立大学大学院（経済学）卒業後、スタンフォード大学大学院で学ぶ。

1980年、マーケティング・リサーチ専門会社、リサーチ・リソーセス（Research Resources）を起業し、マクドナルド、3M、P&Gなど、大手優良企業を顧客に持つ全米でもトップレベルの会社にまで成長させる。

1991年、新聞に執筆したコラムが好評を博し、執筆活動を開始。

現在米国を代表する人気コラムニスト。氏が執筆するコラムは、100社以上の新聞社に配信され、毎週1000万人以上の読者に愛読されている。日本では『仕事は楽しいかね？』がベスト&ロングセラーになっている。

Japanese Comic rights arranged with Margret McBride Literary Agency in CA
Through The Asano Agency, Inc. in Tokyo.

まんがで変わる
# 仕事は楽しいかね?

2016年3月7日　第1刷発行

原作　デイル・ドーテン
編　「仕事は楽しいかね?」研究会
まんが　藤森ゆゆ缶
発行人　松村徹
編集人　松隈勝之
発行所　きこ書房
〒163-0222 東京都新宿区西新宿2-6-1 新宿住友ビル22階
電話 03(3343)5364
ホームページ　http://www.kikoshobo.com
装丁　井上新八
編集協力　株式会社サイドランチ

印刷・製本　株式会社シナノ

ISBN978-4-87771-342-3